おうちデザート

ゼリー・プリン・ババロア・ムース

福岡直子

朝日新聞出版

1 Jelly

2 Pudding

contents

この本の使い方
・計量単位は小さじ1＝5ml、大さじ1＝15mlです。
・「適量」はちょうどよい量を入れることを示します。
・電子レンジはとくに記述がない限り600Wのものを使用しています。500Wの場合は加熱時間を約1.2倍、700Wの場合は0.8倍の加熱時間にしてください。また、機種により加熱具合が異なるので、様子を見ながら調節してください。
・オーブンは電気オーブンを使用しています。機種により加熱具合が異なります。表記の時間を目安に、様子を見ながら調節してください。
・レモンは国産のものを使用しています。

3 Bavarian cream & Mousse

4 Agar dessert

5 Big sweets

ゼラチン・寒天の違いと使い分けの基本

ゼリーやプリンなどを固めるときに使うゼラチンと寒天の違いを知っておきましょう。
まずは、好みのかたさに仕上げるための、水分とゼラチン、寒天の配合をチェックして。

かたい ─────── かたさ別ゼラチンと水分の配合の目安 ──────→ やわらかい

ぷるん
しっかりとした弾力のあるかたさ

ぷるるん
やわらかく、口どけがよいかたさ

ふるふる
弾力がなく、ジュレ状のかたさ

水
250ml
＋
粉ゼラチン
5g

水
300ml
＋
粉ゼラチン
5g

水
350ml
＋
粉ゼラチン
5g

一般的なゼリーのかたさです。ぷるんとした弾力性と粘性があり、型抜きはもちろん、切り分けても形を保つことができます。グレープフルーツのテリーヌゼリー(P18)のような形をキープさせたいゼリーなどの配合。

水分を感じられる、ぷるるんとしたややわらかめのかたさ。型抜きをしても形をキープできる状態。本書では、ミルクゼリー(P11)、白桃のネクターゼリー(P15)など、やわらかくて食べやすいタイプを中心に紹介。

ふるふる、とろとろのジュレ状のやわらかさ。型抜きには不向き。レモネードクラッシュゼリー(P14)やスムージーゼリー(P20)、スープゼリー(P21)など、保存容器に入れて冷やし固め、くずしてグラスや器に盛りつけていただきます。

＊水の分量は、粉ゼラチンをふやかす水50mlは含まれません。

---

memo

粉ゼラチンでお好みのかたさのゼリーを

本書では、市販の粉ゼラチン1袋(5g)を使い切って作れる分量としています。粉ゼラチン5gに対して、水分量を調整するだけなので、作り方さえマスターすれば、お好みのかたさのゼリーも自由自在に作れるようになります。ただし、フルーツを使うときは、ゼリーが固まらない場合があるので注意が必要(P78を参照)。本書のレシピでさまざまなかたさのゼリーを体感してください。

かたさ別寒天と水分の配合の目安

かたい ——————————————→ やわらかい

しっかり
さっくりとした歯切れのよいかたさ

やわらか
形を保ちながら、ぷりんとした弾力も

とろとろ
とろけるやわらかさ

水 ＋ 粉寒天
400ml 4g

あんみつなどに使う角切り寒天の
しっかりとしたかたさ。また、さっ
くりとして歯切れがいいのが特徴。
シンプル寒天（P57）やマンゴー寒天
（P60）、抹茶かん（P62）などのような、
角切りにして楽しむときに。

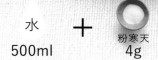

水 ＋ 粉寒天
500ml 4g

しっかりとした歯ごたえというより
は、やわらかくてのどごしがよい。
形を保てるかたさなので、食べや
すい大きさに切って、フルーツやシ
ロップといっしょに。水ようかん（P61）
などの寒天デザートに。

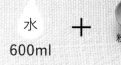

水 ＋ 粉寒天
600ml 4g

寒天の質感を残しつつ、とろとろと
したやわらかな食感です。保存容
器に入れて冷やし固めておけば、
そのまますくっていただいたり、豆
花（P63）などのように、器に盛りつ
けてシロップなどをかける汁菓子
のようにしても楽しめます。

memo アガーとの違いって？
アガーは、海藻の抽出物であるカラギーナンなどが原料で、ゼラチン、寒天と同じ凝固剤のひとつ。中でも最も透明度が高く、
光沢が美しいので、主にゼリーに使われます。ゼラチンと寒天の中間ぐらいのぷるっとしたみずみずしい食感や、常温でも形く
ずれしないのも特徴です。

ゼラチンの種類と基本の使い方

ゼラチンは、牛や豚の骨、皮から抽出された動物性たんぱく質の「コラーゲン」から作られたもの。
特徴と使い方を確認しましょう。

粉ゼラチン

ゼラチンを高温で乾燥させ、細かく砕いて粉末状にしたもの。使いやすいので家庭では一般的。弾力性と粘性が高く、融点は口の中の温度より低いので、口どけがよくなる。

使い方
粉ゼラチンをふやかす
小さめのボウルに水50mlを入れ、粉ゼラチン5gをふり入れる。

Point 1カ所に固まらないように、少しずつ粉ゼラチンを加えるのがコツ。

↓

小さい泡立て器、またはスプーンなどでよくかき混ぜる。

Point すぐにかき混ぜないと、底に粉ゼラチンがたまってしまって溶けにくくなる。

板ゼラチン

粉ゼラチンが一般的ですが、パティシエなど、プロが使用することが多い板ゼラチン。板状で計量もしやすく、透明感があり、口あたりがよい。たっぷりの冷水で戻してから使用する。

使い方
板ゼラチンをふやかす
大きめのボウルに、たっぷりの冷水を入れ、板ゼラチン3枚を入れて浸す。1〜2分おいて、板ゼラチンがやわらかくなるまでふやかす。箸で持ち上げて、板ゼラチンがしなれればOK。

Point 板ゼラチンは、必ず冷たい水でふやかす。水温が高いと、板ゼラチンが溶けてしまう場合がある。

ふやかしたゼラチンを煮溶かす
鍋に牛乳を入れ、弱火で沸騰直前まで温めて火を止め、ふやかしたゼラチンを入れる。牛乳は、煮立ててしまうと風味が飛んでしまうので、沸騰直前に火を止める。ゼラチンが溶けきってない場合は、必ず茶こしでこすこと。

寒天の種類と基本の使い方

テングサやオゴノリなどの海藻が原材料の寒天は、ゼラチンよりも強い凝固力があります。
常温で固まり、溶けないのも特徴です。

粉寒天

寒天液を乾燥させて粉末にしたもの。ふやかす
手間がなく、使いやすさや透明度の高さにも注目
です。1袋4gのものが多く、水にふり入れて煮る
だけだから簡単に作れる。

使い方
粉寒天を溶かす

鍋に水を入れ、粉寒天をふ
り入れてよく混ぜる。

Point 必ず冷たい水を使うこ
と。水温が高いと、粉寒天が溶
けにくくなる。

↓

中火にかけて煮立ってきた
ら弱火にし、粉寒天が溶け
るまで2〜3分間よく混ぜる。
粉寒天が完全に溶けたら、
グラニュー糖を入れてよく混
ぜる。寒天液を茶こしでこす。

Point 粉寒天は完全に煮立て
ないと溶けません。吹きこぼれ
ないように注意しながら、煮立
ったらすぐに弱火にすること。

memo 糸寒天の扱いは？

糸寒天は、1本約0.2gという細い糸状の寒天。原料、製法
ともに棒寒天とほぼ同様なので、扱い方も棒寒天を参考
に。戻したあと、サラダなどそのまま料理にも活用できます。

棒寒天

昔ながらの伝統的な製法で作られる寒天。冬の
寒い時期に、外で凍結、乾燥させて作られる。使
用するときは、水に浸して戻してから。風味が豊
かでやわらかめの仕上がりに。

使い方
棒寒天を水に浸す

大きめのボウルにたっぷり
の水を入れ、棒寒天を入れ
て水に浸す。3〜4分浸して、
やわらかくなったら棒寒天
をかたく絞り、小さくちぎる。

Point 棒寒天は水分を残さな
いようにしっかりと絞るのがコ
ツ。

↓

棒寒天を煮溶かす

鍋に水を入れ、ちぎった寒天
を入れて火にかける。寒天が
しっかりと煮溶けたら、グラ
ニュー糖を入れてよく混ぜる。

Point 煮立ったら弱火にして、
吹きこぼれないように注意。棒
寒天が溶けてから、グラニュー
糖を入れること。

↓

寒天液を茶こしでこす。

Point 棒寒天は繊維が残りや
すいので、必ず茶こしでこすこと。

Jelly 1

ゼリーといえば、果汁やワインなどに甘みをつけて、ゼラチンなどで冷やし固めた、弾力のあるデザートのこと。本書ではゼラチンを使用したゼリーを紹介していますが、植物性のペクチン、カラギーナン、寒天を使うことも。かわいい型で作ったり、保存容器に流し込んで、くずしてジュレとして楽しんだり、グラスに流し込んでそのまま冷やし固めたりと、手軽に作れるのがいいところ。ソースやトッピングで楽しむのもおすすめです。

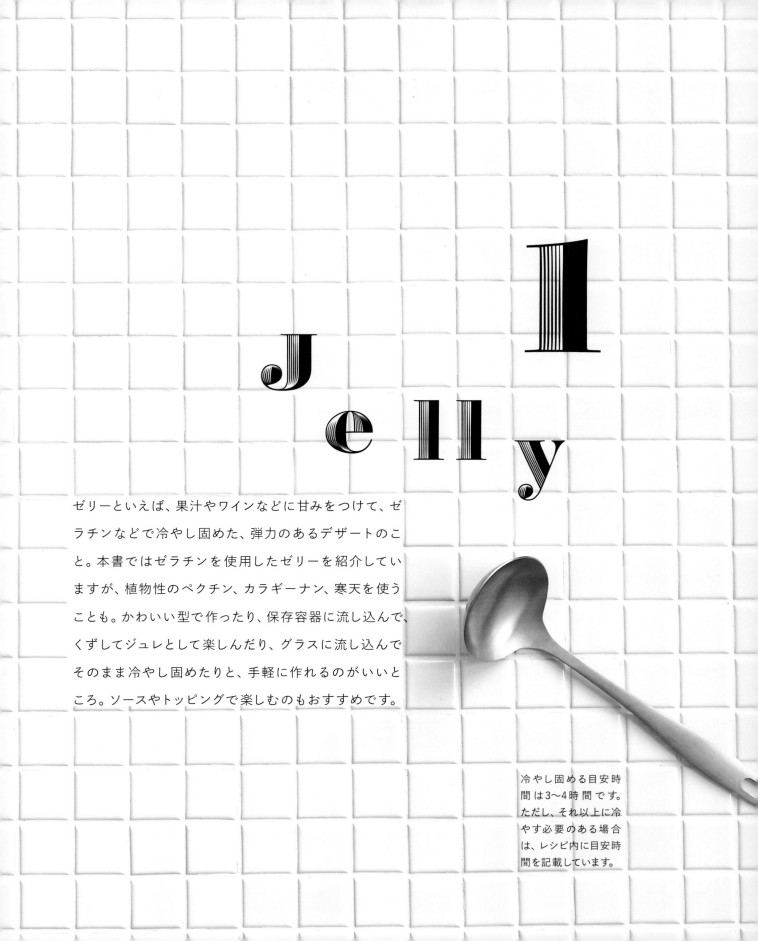

冷やし固める目安時間は3〜4時間です。ただし、それ以上に冷やす必要のある場合は、レシピ内に目安時間を記載しています。

材料　90mlのゼリー型4個分

A ・粉ゼラチン……5g
　　 ・水……50ml
・牛乳……300ml
・グラニュー糖……30g
・バニラエッセンス……適量
・オレンジの皮・ミント……各適量

作り方

1 小さめのボウルに**A**の水を入れ、粉ゼラチンをふり入れて泡立て器などでよく混ぜ、ふやかす（**a**）。

2 鍋に牛乳を入れて、弱火で沸騰直前まで温めて火を止める。（**b**）。**1**を加えてよく混ぜて溶かし（**c**）、グラニュー糖を加えて混ぜる。

3 粗熱がとれたら、バニラエッセンスを加える。茶こしでこし（**d**）、ゼリー型に流し入れ（**e**）、冷蔵庫で冷やし固める。

4 ボウルにお湯（80℃）を入れ、固まった**3**を型ごとさっとつけて型から取り出して（**f**）器に盛り、オレンジの皮、ミントを添える。

ミルクゼリー

牛乳を使ったやさしい味わいの
スタンダードなゼリー

粉ゼラチンは、ふり入れたらすぐによく混ぜて。

牛乳は煮立ててしまうと風味が飛ぶので、沸騰直前に火を止めて。

牛乳が熱いうちにゼラチンを加えて、混ぜて溶かすのがコツ。

ゼラチンが溶けきってない場合は、茶こしでこすこと。

型は水でぬらしてからゼリー液を流し入れると、取り出しやすい！

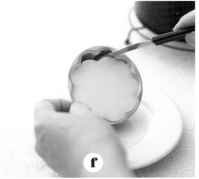

すき間に小さなナイフなどの刃先を入れ、空気を入れて。

ひと回しかけるだけで和風テイストに

抹茶ソース

材料と作り方　作りやすい分量

ボウルに抹茶小さじ2を入れ、熱湯100mlを少しずつ加えてよく混ぜる。コンデンスミルク大さじ3を加え、茶こしでこしたら、冷蔵庫で冷やす。

こってり甘くて何にでも合わせやすい

キャラメルミルクソース

材料と作り方　作りやすい分量

鍋に水大さじ2、グラニュー糖100gを入れて中火にかける。グラニュー糖が煮詰まり、まわりが焦げてきたら鍋をゆすりながら、茶色になるまで全体をむらなく焦がし、きれいなカラメル色になったら火を止める。生クリーム100mlを加え、ボウルに移し入れる。粗熱がとれたら冷蔵庫で冷やす。

ソースのバリエーション

みんな大好きないちごを使って手作りソース

ストロベリーソース

材料と作り方　作りやすい分量

フードプロセッサーにいちご100g、グラニュー糖大さじ2を入れ、なめらかになるまで攪拌する。

冷凍マンゴーを使ったお手軽レシピ

トロピカルソース

材料と作り方　作りやすい分量

フードプロセッサーに解凍したマンゴー（冷凍）100g、グラニュー糖大さじ2を入れ、なめらかになるまで攪拌する。

見た目も味もアクセントになる甘酸っぱいトッピング

赤いフルーツのレリッシュ

材料と作り方　作りやすい分量

ボウルにぬるま湯で戻したドライクランベリー20g、ヘタを
取り、縦4等分に切ったいちご1個分、ラズベリー8粒、グラ
ニュー糖大さじ2を入れて混ぜ、冷蔵庫で冷やす。

オレンジのほどよい酸味がゼリーの甘みとマッチ

トロピカルフルーツマリネ

材料と作り方　作りやすい分量

ボウルに角切りにしたパイナップル30g、半月切りにしたバ
ナナ1/4本分、解凍したマンゴー（冷凍）30gを入れて混ぜ合
わせる。

トッピングのバリエーション

ミントの爽快感がたまらない！

メロン＆ミントのモヒート風

材料と作り方　作りやすい分量

ボウルに1cm角に切り、グラニュー糖小さじ2をまぶしたメ
ロン50g、薄切りにしたライム（くし形切り）1切れ分を入れ、冷
蔵庫で冷やす。ちぎったミント適量を加える。

深い味わいの食材を組み合わせて

ぶどう＆カシスジャム

材料と作り方　作りやすい分量

ボウルに解凍して縦半分に切ったぶどう（冷凍）6粒分を入れ、
カシスジャム大さじ3を加えて和える。

材料　グラス4個分

- ・レモン……1個
- **A** ・はちみつ……大さじ2
  ・グラニュー糖……30g
- **B** ・粉ゼラチン……5g
  ・水……50ml
- ・熱湯……350ml
- ・紅茶のティーバッグ（アールグレイ）……2個
- ・グラニュー糖……30g
- ・レモンの搾り汁……1個分
- ・炭酸水・ミント……各適量

作り方

1 レモンは2mm厚さの輪切りにして8枚切る。ボウルに輪切りにしたレモン、残りのレモンの搾り汁、**A**を入れて混ぜ、レモネードシロップを作る。

2 小さめのボウルに**B**の水を入れ、粉ゼラチンをふり入れてよく混ぜ、ふやかす。

3 熱湯で紅茶のティーバッグを濃いめにいれる。ボウルに紅茶、**2**を入れてよく混ぜ、グラニュー糖、レモンの搾り汁を加える。粗熱がとれたら、ボウルの底を氷水につけて冷やす。

4 保存容器に**3**を流し入れ、冷蔵庫で冷やし固める。

5 スプーンでくずした**4**をグラスに盛り、**1**のレモネードシロップを入れる。炭酸水を注ぎ入れ、**1**のレモンスライス、ミントを添える。

レモネードクラッシュゼリーの
ティーソーダ風

パチパチはじける炭酸と、
すっきりとした味わいのシロップ

白桃のネクターゼリー

ジュースで作るから簡単なのに、
とろける濃厚ゼリーで大満足

材料　100mlのゼリー型3個分

A ・粉ゼラチン……5g
　　 ・水……50ml

・白桃のネクター……300ml

・グラニュー糖……30g

・赤いフルーツのレリッシュ（P13）
　……適量

作り方

1 小さめのボウルに**A**の水を入れ、粉ゼラチンを
ふり入れてよく混ぜ、ふやかす。

2 鍋に白桃のネクターを入れて弱火にかけ、沸騰
したらすぐに火を止める。**1**を加えて溶かし、グ
ラニュー糖を加え混ぜる。

3 ゼリー型に**2**を流し入れ、冷蔵庫で冷やし固め
る。

4 ミルクゼリー（P11）の作り方**4**を参照し、同様
に型から取り出して器に盛り、赤いフルーツの
レリッシュを添える。

材料　グラス3個分

A ・粉ゼラチン……5g
　　・水……50ml
・濃いめにいれたコーヒー……250ml
・グラニュー糖……30g
・ホイップクリーム（七分立て）……適量
・砕いたクッキー・ココア……適量

作り方

1 小さめのボウルに**A**の水を入れ、粉ゼラチンをふり入れてよく混ぜ、ふやかす。

2 熱いコーヒーに**1**を加えてよく溶かし、グラニュー糖を加え混ぜる。

3 グラスに**2**を流し入れ、冷蔵庫で冷やし固める。

4 **3**にホイップクリームをのせ、砕いたクッキーを散らし、ココアをふる。

ウィンナーコーヒーゼリー

ほろ苦いコーヒーゼリーに、
甘いホイップクリームをたっぷりのせて

いちご＆
パンナコッタの
グラスゼリー

濃厚でまったりとしたパンナコッタにベリーの酸味が相性抜群

材料　グラス4個分

A ‖ ・粉ゼラチン……5g
　　‖ ・水……50ml
・牛乳……250ml
・グラニュー糖……30g
・生クリーム……100ml
・バニラエッセンス……適量
B ‖ ・粉ゼラチン……5g
　　‖ ・水……50ml
C ‖ ・水……100ml
　　‖ ・いちご……10個
　　‖ ・いちごジャム……大さじ2
　　‖ ・グラニュー糖……20g
・いちご・ブルーベリー・ブラックベリー……各適量

作り方

1 小さめのボウルに**A**の水を入れ、粉ゼラチンをふり入れてよく混ぜ、ふやかす。

2 鍋に牛乳を入れて、弱火で沸騰直前まで温めて火を止め、**1**、グラニュー糖を加え、よく混ぜて溶かす。

3 **2**の粗熱がとれたら、生クリーム、バニラエッセンスを加える。グラスに流し入れ、冷蔵庫で冷やし固める。

4 耐熱ボウルに**B**を入れ、**1**と同様にふやかす。

5 フードプロセッサーに**C**を入れ、なめらかになるまで攪拌し、電子レンジで1分加熱して溶かした**4**を加える。

6 **3**の上に**5**を流し入れ、冷蔵庫で冷やし固める。スライスしたいちご、ブルーベリー、ブラックベリーをのせる。

いちご＆
パンナコッタの
グラスゼリー

マンゴー＆
ココナツミルク
ゼリー

マンゴー＆
ココナツミルク
ゼリー

最後のトッピングで
南国の雰囲気ある、
常夏デザートの完成

材料　グラス6個分

A ‖ ・粉ゼラチン……10g
　　‖ ・水……100ml
・100％マンゴージュース……200ml
・グラニュー糖……60g
・冷凍マンゴー（解凍する。または缶詰）……200g
・ココナツクリーム……50g

作り方

1 小さめのボウルに**A**の水を入れ、粉ゼラチンをふり入れてよく混ぜ、ふやかす。

2 鍋にマンゴージュースを入れて、弱火にかける。煮立ってきたら火を止めて、**1**、グラニュー糖、冷凍マンゴーを加えて混ぜる。

3 **2**が熱いうちにミキサーで攪拌し、なめらかにする。粗熱をとり、常温になるまで冷ます。

4 **3**の半量にココナツクリームを加えて混ぜ、グラスに流し入れ、冷蔵庫で冷やし固める。

5 **3**の残りは保存容器などに流し入れ、冷蔵庫で冷やし固める。

6 **4**のグラスの上にスプーンでくずした**5**をのせ、ライム、レモングラスを添える。

材料　17.5×8×6cmのパウンド型1台分

A ・粉ゼラチン……5g
　　・水……50ml
・グレープフルーツ（ホワイト）……2個
・グレープフルーツ（ルビー）……1個
・水……250ml
・グラニュー糖……30g
・はちみつ……10g

作り方

1 小さめのボウルに**A**の水を入れ、粉ゼラチンをふり入れてよく混ぜ、ふやかす。

2 グレープフルーツは房から取り出し、ペーパータオルに並べて水分をきる。

3 鍋に分量の水を入れて沸騰させ、グラニュー糖、はちみつ、**1**を加え、弱火で煮溶かす。火を止めて粗熱がとれたら、ボウルの底を氷水につけて冷やす。

4 パウンド型の底に**2**を2段に敷き詰め、**3**をグレープフルーツの上まで流し入れ、冷蔵庫で冷やし固める。固まりかけたら**2**を敷き詰め、**3**を流し入れる。これを繰り返してパウンド型をいっぱいに満たし、冷蔵庫で7〜8時間以上よく冷やす。

5 大きめのボウルにお湯（80℃）を入れ、固まった**4**を型ごとさっとつけて型から取り出し、食べやすくカットする。

グレープフルーツの
テリーヌゼリー

グレープフルーツとゼリー、
まるで宝石を詰め込んだような見栄えに

ブルーベリージュレの
ヨーグルトパフェ

オレンジ
カップゼリー

オレンジ カップゼリー

オレンジの皮のカップで、
見た目もかわいい
爽やかなゼリー

材料　くし形切り8個分

A ‖ ・粉ゼラチン……5g
　　‖ ・水……50ml
・オレンジ……4個（果汁250ml）
・100％オレンジジュース……適量
・グラニュー糖……40g

作り方

1 小さめの耐熱ボウルに**A**の水を入れ、粉ゼラチンをふり入れてよく混ぜ、ふやかす。電子レンジで1分加熱して溶かす。

2 オレンジは半分に切り、ボウルに果汁をしっかりと搾る。果汁が足りない場合はオレンジジュースを足す。皮はワタの部分をきれいに取り除き、カップにする。

3 **2**のボウルに**1**、グラニュー糖を加えてよく混ぜる。**2**のカップに流し入れ、冷蔵庫で冷やし固め、半分に切る。

ブルーベリージュレのヨーグルトパフェ

たっぷりのブルーベリーを使って
甘酸っぱいジュレに

材料　グラス4個分

A ‖ ・粉ゼラチン……5g
　　‖ ・水……50ml
・ブルーベリー（冷凍）……100g
・グラニュー糖……50g
・水……100ml
B ‖ ・プレーンヨーグルト（無糖）
　　‖ 　……200g
　　‖ ・はちみつ……大さじ2
・ミント……適量

作り方

1 小さめのボウルに**A**の水を入れ、粉ゼラチンをふり入れてよく混ぜ、ふやかす。

2 鍋に冷凍のままのブルーベリー、グラニュー糖、水を入れ、中火にかける。煮立ったら弱火にして、10分ほど煮る。**1**を加えて溶かす。

3 **2**の粗熱がとれたら、保存容器に流し入れ、冷蔵庫で冷やし固める。

4 グラスにスプーンでくずした**3**を盛り、混ぜ合わせた**B**、くずした**3**を順にのせて、ミントを飾る。

ケールスムージーゼリー

栄養たっぷりなケールのふるふるゼリー

材料　グラス6個分

- **A** ・粉ゼラチン……5g
  ・水……50ml
- ・ケール……70g
- ・グレープフルーツ……1/2個
- ・100%りんごジュース……
　 150ml＋100ml
- ・プレーンヨーグルト（無糖）・ケール・
　 ライム（くし形切り）……各適量

作り方

1 小さめのボウルに**A**の水を入れ、粉ゼラチンをふり入れてよく混ぜ、ふやかす。

2 ケールは粗めに刻み、グレープフルーツは一口大に切る。

3 フードプロセッサーに**2**、りんごジュース150mlを入れ、なめらかになるまで攪拌する。

4 鍋にりんごジュース100ml、**1**を入れて弱火で温め、**3**を加え混ぜ、火を止める。

5 粗熱がとれたら、保存容器に流し入れ、冷蔵庫で冷やし固める。スプーンでくずしてグラスに盛り、ヨーグルト、ケール、ライムをのせる。

ケール
スムージー
ゼリー

ミニトマト＆
バジルの
スープゼリー

ミニトマト＆バジルのスープゼリー

ホームパーティーで振る舞いたい！　イタリアン風味の食べるスープ

材料　グラス4個分

- ・ミニトマト（赤・黄色・緑）……各10個
- **A** ・粉ゼラチン……5g
  ・水……50ml
- ・水……350ml
- ・コンソメブイヨン……1本
- ・塩……小さじ1/2
- ・ホワイトペッパー……適量
- ・レモン汁……小さじ1
- ・バジル……4〜5枚
- ・ブラックペッパー……適量

作り方

1 ミニトマトは熱湯にさっとくぐらせて皮をむく。

2 小さめのボウルに**A**の水を入れ、粉ゼラチンをふり入れてよく混ぜ、ふやかす。

3 鍋に分量の水を入れて沸騰させ、コンソメブイヨンを加え混ぜて火を止める。**2**を加えてよく混ぜ溶かし、粗熱がとれたら、塩、ホワイトペッパー、レモン汁を加えて冷ます。

4 保存容器に**3**を流し入れ、**1**を入れて冷蔵庫で冷やし固める。

5 **4**をスプーンでくずしてグラスに盛り、刻んだバジルを散らし、ブラックペッパーをふる。

サングリアゼリー

フルーツとワインの香りが漂う大人のゼリー

材料　グラス6個分

A ┃ ・粉ゼラチン……5g
　　┃ ・水……50ml
・100%オレンジジュース……200ml
・赤ワイン……100ml
・はちみつ……大さじ2
・グラニュー糖……大さじ2
・グレープフルーツ(ホワイト・ルビー)・
　オレンジの皮……各適量

作り方

1 小さめのボウルに**A**の水を入れ、粉ゼラチンをふり入れてよく混ぜ、ふやかす。

2 鍋にオレンジジュース、赤ワインを入れて煮立てたら火を止め、**1**を加えてよく混ぜ溶かす。はちみつ、グラニュー糖を加え混ぜて火を止める。

3 粗熱がとれたら、保存容器に流し入れ、冷蔵庫で冷やし固める。スプーンでくずして、グラスにグレープフルーツと交互に盛り、細切りにしたオレンジの皮を散らす。

サングリア
ゼリー

メロンデザートスープ
ゼリー

メロンデザートスープゼリー

本格的なレストランのような一品に。ミントとレモンをたっぷりのせて

材料　4皿分

A ┃ ・粉ゼラチン……5g
　　┃ ・水……50ml
・牛乳……150ml
・グラニュー糖……30g
・生クリーム……100ml
・アマレット……小さじ2
・メロン……200g
・ミント・レモンの皮……各適量

作り方

1 小さめのボウルに**A**の水を入れ、粉ゼラチンをふり入れてよく混ぜ、ふやかす。

2 鍋に牛乳を入れ、弱火で沸騰直前まで温めて火を止め、**1**、グラニュー糖を加えてよく混ぜ溶かす。

3 粗熱がとれたら、生クリーム、アマレットを加え混ぜ、保存容器に流し入れ、冷蔵庫で冷やし固める。

4 メロンは皮をむいてフードプロセッサーに入れ、なめらかになるまで撹拌し、保存容器に流し入れて冷蔵庫で冷やしておく。

5 器に**4**を注ぎ入れ、**3**をスプーンですくって盛る。ミント、せん切りにしたレモンの皮を散らす。

Pudding 2

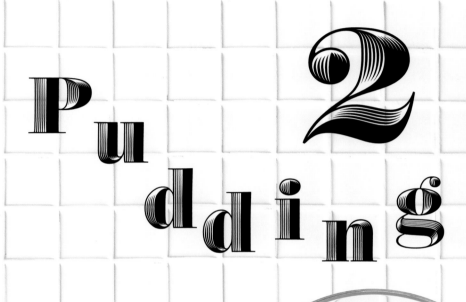

プリンは、卵、牛乳、砂糖が基本材料で、蒸し器で蒸し上げる蒸しプリン、オーブンで焼く焼きプリン、ゼラチンなどを加えて冷やし固めるプリンなど、調理法によって種類はさまざま。本書で紹介するのは、フライパンひとつでできる蒸しプリン＆冷やし固めるプリン。スタンダードなプリンはもちろん、子どもの好きないちごやマンゴーのプリン、大人もよろこぶチョコプリンなど、バリエーションを楽しみましょう。

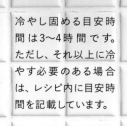

冷やし固める目安時間は3〜4時間です。ただし、それ以上に冷やす必要のある場合は、レシピ内に目安時間を記載しています。

材料　140mlのプリン型4個分

A ┃・グラニュー糖……50g
　 ┃・水……40ml
　 ┃・熱湯……20ml
・卵……3個
・卵黄……2個分
・グラニュー糖・きび砂糖……各30g
・牛乳……300ml
・バニラエッセンス……適量

シンプルプリン

卵と牛乳の定番プリン。
焦がしカラメルとの相性抜群

作り方

1 鍋に**A**の水、グラニュー糖を入れて、中火にかける。グラニュー糖が溶けて煮詰まり、まわりが焦げてきたら、鍋をゆすりながら全体が茶色になるまでむらなく焦がす(**a**)。きれいなカラメル色になったら火を止め、鍋を奥に傾けながら熱湯を加える(**b**)。

2 プリン型に**1**を流し入れる(**c**)。

3 ボウルに卵を割り入れ、卵黄、グラニュー糖、きび砂糖を入れてよく混ぜる(**d**)。鍋に牛乳を入れ、弱火で沸騰直前まで温めて火を止める。

4 **3**のボウルに温めた牛乳を少しずつ加えてよく混ぜたら(**e**)、バニラエッセンスを加え、茶こしでこし(**f**)、**2**に流し入れる。

5 フライパンに熱湯(分量外／高さ約5cm)を注ぎ入れ、ペーパータオルを敷き、**4**を並べ入れる(**g**)。フライパンの蓋をふきんで包んで蓋をして(**h**)、ごく弱火で約20分蒸す。火を止めてそのままフライパンの中で冷めるまでおき、冷蔵庫でよく冷やす。

カラメルが焦げてきたら、焦げ色が均一につくように鍋をゆすって。

熱湯を注ぐとカラメルがはねて危ないので、必ず鍋を向こう側へ傾ける。

カラメルが熱いうちに、プリン型に流し入れ固まるまでおく。

卵のこしが切れるようによく混ぜ合わせるのがコツ。

温めた牛乳を少しずつ加え、その都度混ぜて砂糖を溶かす。

卵液は必ずこして、カラザを取り除くこと。

プリン型が動かないように、ペーパータオルを敷いて。

蒸し上がったら、そのまま置き、余熱で中まで火を通して。

ひと添えするだけで一気に
リッチな雰囲気！
いちじくソース

材料と作り方　作りやすい分量

ボウルに皮をむき、細かく刻んだいちじく
1個分を入れ、グラニュー糖大さじ1をま
ぶして10分おく。

甘みと辛味のパンチが絶妙！
パイナップル＆
ブラックペッパーソース

材料と作り方　作りやすい分量

フードプロセッサーにざく切りにしたパイ
ナップル50gを入れ、ピューレ状になるま
で撹拌して、グラニュー糖大さじ1を加え
て混ぜる。プリンにかけたら、たたいたブ
ラックペッパー（粒）適量をふる。

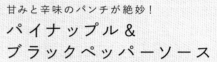

ソースのバリエーション

定番の組み合わせだから、
プリン以外にも合わせやすい
アップル＆
シナモンソース

材料と作り方　作りやすい分量

鍋に皮をむき、5mm角に切ったりんご1/4
個分、100％りんごジュース100mlを入れ、
煮汁が少し残るまで煮たら、はちみつ大さ
じ2、シナモン適量を加え混ぜる。

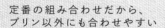

ひとさじのせるだけで、
大人好みのテイストに
ラムレーズンソース

材料と作り方　作りやすい分量

鍋にレーズン大さじ4、水100mlを入れ煮
立て、弱火で3〜4分煮て冷ます。ザルに
上げてボウルに入れ、グラニュー糖大さじ
2、ラム酒大さじ1を加え混ぜる。保存容器
に入れ、冷蔵庫に一晩おいて、味をなじま
せる。

黒みつの甘みがほっとする
黒豆＆黒みつ

材料と作り方　作りやすい分量

保存容器に黒豆(煮豆)12粒、黒みつ大さじ2を入れ、冷蔵庫に一晩入れて味をなじませる。

カリカリッとくせになる食感
カラメルバゲット

材料と作り方　作りやすい分量

1cm角に切った薄切りのバゲット1切れ分は軽くトーストし、プリンにのせたら、カラメルソース(P25)適量をかける。

トッピングのバリエーション

果実とジャムを合わせるだけで簡単
オレンジ＆マーマレード

材料と作り方　作りやすい分量

ボウルに房から取り出し、斜め半分に切ったオレンジ1/4個分を入れ、マーマレード大さじ2を加えてからめる。

子どももよろこぶ、間違いなしの組み合わせ！
バナナキャラメル

材料と作り方　作りやすい分量

ボウルに皮をむき、薄切りにしたバナナ1本分を入れ、市販のキャラメルソース大さじ2を加えてからめる。

1 シンプルプリン（P25）の作り方**1**、**2**を参照し、同様にカラメルソースを作り、プリン型に流し入れる。

2 鍋に牛乳を入れ、弱火で沸騰直前まで温めて火を止める。ボウルに卵を割り入れ、グラニュー糖を入れてよく混ぜ、温めた牛乳を少しずつ加えてよく混ぜ、バニラエッセンスを加える。

3 **2**を茶こしでこし、**1**のプリン型に流し入れる。

4 フライパンに熱湯（分量外）を注ぎ入れ、ペーパータオルを敷き、**3**を並べ入れる。フライパンの蓋をふきんで包んで蓋をして、ごく弱火で約20分蒸す。

5 火を止めてそのままフライパンの中で冷めるまでおき、冷蔵庫でよく冷やす。

昔のプリン

昔懐かしい味わいのプリン。
器などで雰囲気をだしてレトロな喫茶風に

材料　140mlのプリン型4個分

カラメルソース
- ・グラニュー糖……50g
- ・水……40ml
- ・熱湯……20ml
- ・牛乳……300ml
- ・卵……3個
- ・グラニュー糖……50g
- ・バニラエッセンス……適量

とろけるプリン

生クリームのコクがポイント。
自家製で作れるとろける舌触りに感動！

材料　ココット4個分

カラメルソース

> ・グラニュー糖……50g
> ・水……40ml
> ・熱湯……20ml

・牛乳……200ml
・卵黄……3個分
・グラニュー糖……50g
・生クリーム……100ml
・バニラエッセンス……適量

作り方

1 シンプルプリン（P25）の作り方**1**を参照し、同様にカラメルソースを作る。

2 鍋に牛乳を入れ、弱火で沸騰直前まで温めて火を止める。ボウルに卵黄、グラニュー糖を入れてよく混ぜ、温めた牛乳を少しずつ加えてよく混ぜ、生クリーム、バニラエッセンスを加える。

3 **2**を茶こしでこし、**1**のココットに流し入れる。

4 フライパンに熱湯（分量外）を注ぎ入れ、ペーパータオルを敷き、**3**を並べ入れる。フライパンの蓋をふきんで包んで蓋をして、ごく弱火で約20分蒸す。

5 火を止めてそのままフライパンの中で冷めるまでおき、冷蔵庫でよく冷やす。**1**のカラメルソースをかける。

作り方

1 小さめのボウルに**A**の水を入れ、粉ゼラチンをふり入れてよく混ぜ、ふやかす。

2 鍋に牛乳を入れ、弱火で沸騰直前まで温めて火を止め、**1**を加えてよく混ぜ溶かす。

3 ミキサーに**B**を入れ、なめらかになるまで攪拌したら、**2**に注いで混ぜる。

4 水でぬらしたプリン型に**3**を流し入れ、冷蔵庫で冷やし固める。

5 ミルクゼリー(P11)の作り方**4**を参照し、同様に型から取り出して器に盛り、ホイップクリームをのせ、半分に切ったいちごを添える。

いちごミルクプリン

いちごの酸味と甘みが◎。
ミキサーでなめらかに仕上げて

材料　160mlのプリン型2個分

A ‖ ・粉ゼラチン……5g
　 ‖ ・水……50ml
・牛乳……50ml
B ‖ ・牛乳……100ml
　 ‖ ・いちご……10個
　 ‖ ・グラニュー糖……40g
・ホイップクリーム・いちご……各適量

カフェオレプリン

甘いミルクプリンに
ほろ苦いコーヒーソースが
よく合う

材料　グラス4個分

A ‖ ・粉ゼラチン……5g
‖ ・水……50ml
・牛乳……200ml
・グラニュー糖……30g
・インスタントコーヒー……小さじ2
B ‖ ・牛乳……100ml
‖ ・黒砂糖……20g
‖ ・インスタントコーヒー……
‖ 大さじ2
・ホイップクリーム・
コーヒー豆……各適量

作り方

1 小さめのボウルに**A**の水を
入れ、粉ゼラチンをふり入れ
てよく混ぜ、ふやかす。

2 鍋に牛乳を入れて、弱火で沸
騰直前まで温めて火を止め、
1を加えてよく混ぜ溶かす。グ
ラニュー糖、インスタントコー
ヒーを加え混ぜ、茶こしでこす。

3 粗熱がとれたら、グラスに流
し入れ、冷蔵庫で冷やし固め
る。

4 容器に混ぜ合わせて冷蔵庫
で冷やした**B**を、**3**の上に流
し入れ、ホイップクリームを
のせ、挽いたコーヒー豆を散
らす。

カフェオレプリン

抹茶ミルクプリン

抹茶と生クリームの
クリーミーな味わいに

材料　160mlのプリン型2個分

A ‖ ・粉ゼラチン……5g
‖ ・水……50ml
・抹茶……大さじ1
・熱湯……大さじ4
・牛乳……200ml
・グラニュー糖……30g
・練乳……大さじ1
・生クリーム……50ml

作り方

1 小さめのボウルに**A**の水を
入れ、粉ゼラチンをふり入れ
てよく混ぜ、ふやかす。

2 ボウルに抹茶、熱湯を入れ、
よく混ぜ合わせておく。

3 鍋に牛乳を入れて、弱火で沸
騰直前まで温めて火を止め、
1を加えてよく混ぜ溶かす。グ
ラニュー糖、練乳、**2**を加え
てよく混ぜ、ボウルに茶こし
でこしながら移す。粗熱がと
れたら生クリームを加える。

4 **3**のボウルの底を氷水につけ
て、冷たくなるまで冷やす。プ
リン型に流し入れ、冷蔵庫で
冷やし固める。

抹茶ミルクプリン

マンゴープリン

冷凍マンゴーを使って、
お手軽な濃厚プリンに

作り方

1 小さめの耐熱ボウルに**A**の水を入れ、粉ゼラチンをふり入れてよく混ぜ、ふやかす。電子レンジで1分加熱して溶かす。

2 フードプロセッサーに解凍したマンゴー150g、分量の水、グラニュー糖を入れ、なめらかになるまで攪拌する。

3 鍋に**2**を入れ、40℃くらいに温めたら、**1**、生クリームを加えてよく混ぜる。

4 粗熱がとれたら、型に**3**を流し入れ、解凍したマンゴー150gを散らし、冷蔵庫で冷やし固める。

5 ボウルにお湯（80℃）を入れ、固まった**4**を型ごとさっとつけて型から取り出す。混ぜ合わせた**B**をかける。

材料　240mlの型2個分

A ・粉ゼラチン……5g
　　・水……50ml

・マンゴー（冷凍）……150g＋150g
・水……50ml
・グラニュー糖……30g
・生クリーム……50ml

B ・ココナツクリーム……大さじ2
　　・練乳……大さじ1

子どもチョコプリン

ココアを使ったまろやかな
チョコレート風味

材料　200mlの型2個分

A ・粉ゼラチン……5g
　　　・水……50ml
・牛乳……250ml
・グラニュー糖……30g
・ココア……大さじ2

作り方

1 小さめのボウルに**A**の水を入れ、粉ゼラチンをふり入れてよく混ぜ、ふやかす。

2 鍋に牛乳を入れて、弱火で沸騰直前まで温めて火を止め、**1**を加えてよく混ぜ溶かす。グラニュー糖を加え混ぜる。

3 小さめのボウルにココアをふり入れ、**2**を少しずつ加えてよく混ぜ合わせたら、茶こしでこす。

4 **3**の粗熱がとれたら、型に流し入れ、冷蔵庫で冷やし固める。

大人のチョコプリン

子どもチョコプリン

大人のチョコプリン

ラム酒のほろ苦さがアクセント。
手作りならではの味わいを

材料　ココット2個分

・牛乳……150ml
・ビターチョコレート……2枚
・卵……1個
・生クリーム……100ml
・ラム酒……小さじ2
・バニラアイス・ラムレーズンソース（P26）・ココア……各適量

作り方

1 鍋に牛乳を入れて、弱火で沸騰直前まで温めて火を止める。

2 ボウルに刻んだチョコレート、溶きほぐした卵、**1**を入れてよく混ぜる。生クリーム、ラム酒を加え、さらによく混ぜる。

3 ココットに**2**を茶こしでこしながら流し入れる。

4 フライパンに熱湯（分量外）を注ぎ入れ、ペーパータオルを敷き、**3**を並べ入れる。フライパンの蓋をふきんで包んで蓋をして、ごく弱火で約20分蒸す。火を止めてそのままフライパンの中で冷めるまでおき、冷蔵庫でよく冷やす。

5 **4**にバニラアイスをのせ、ラムレーズンを添え、茶こしでココアをふる。

黒みつきなこプリン

あっさり味の豆乳プリンに、たっぷりの黒みつときなこをかけて

材料　器5個分

A ‖ ・粉ゼラチン……5g
　　・水……50ml
・豆乳……250ml
・グラニュー糖……30g
・生クリーム……50ml
・黒豆＆黒みつ(P27)・きなこ……各適量

作り方

1 小さめのボウルにAの水を入れ、粉ゼラチンをふり入れてよく混ぜ、ふやかす。

2 鍋に豆乳を入れて、弱火で沸騰直前まで温めて火を止め、**1**を加えてよく混ぜ溶かす。グラニュー糖、生クリームを加え混ぜる。粗熱がとれたら器に流し入れ、冷蔵庫で冷やし固める。

3 **2**に黒豆＆黒みつ、きなこをかける。

豆乳＆湯葉の
とろとろプリン

黒みつきなこプリン

豆乳＆湯葉のとろとろプリン

ソースなども合わせやすい、シンプルでやさしい味わい

材料　グラス6個分

A ‖ ・粉ゼラチン……5g
　　・水……50ml
・豆乳……300ml
・きび砂糖……30g
・しょうがの搾り汁……小さじ2
・湯葉……適量

作り方

1 小さめのボウルにAの水を入れ、粉ゼラチンをふり入れてよく混ぜ、ふやかす。

2 鍋に豆乳を入れて、弱火で沸騰直前まで温めて火を止め、**1**、きび砂糖を加えてよく混ぜ溶かす。

3 粗熱がとれたら、しょうがの搾り汁を加え混ぜる。グラスに流し入れ、冷蔵庫で冷やし固め、食べる直前に湯葉をのせる。

黒糖風味のチャイプリン

紅茶にスパイスを加えて、
本格的なエスニックプリンのデザート

材料　グラス5個分

カラメルソース
- ・グラニュー糖……50g
- ・水……40ml
- ・熱湯……20ml

A
- ・紅茶のティーバッグ……3個
- ・熱湯……100ml
- ・シナモンスティック……1本
- ・八角……1/2個
- ・クローブ……3粒

- ・牛乳……300ml
- ・黒砂糖……40g
- ・卵……2個
- ・卵黄……1個分
- ・シナモンパウダー……適量

作り方

1 シンプルプリン(P25)の作り方**1**を参照し、同様にカラメルソースを作る。

2 鍋に**A**を入れ、弱火で2〜3分煮る。

3 別の鍋に牛乳を入れて、弱火で沸騰直前まで温めて火を止め、**2**、黒砂糖を加えてよく混ぜたら、茶こしでこす。

4 ボウルに卵を割り入れ、卵黄を入れ、よく混ぜる。**3**を少しずつ加えて混ぜ、茶こしでこし、耐熱グラスに流し入れる。

5 フライパンに熱湯(分量外)を注ぎ入れ、ペーパータオルを敷き、**4**を並べ入れる。フライパンの蓋をふきんで包んで蓋をして、ごく弱火で約10分蒸す。火を止めてそのままフライパンの中で冷めるまでおき、冷蔵庫で冷やす。

6 **5**に**1**をかけ、シナモンをふる。

黒糖風味の
チャイプリン

すいかの
杏仁プリン

すいかの杏仁プリン

アーモンドエッセンスを入れるだけで簡単。
杏仁好きにはたまらない

材料　グラス4個分

A
- ・粉ゼラチン……5g
- ・水……50ml

- ・牛乳……300ml
- ・グラニュー糖……20g
- ・アーモンドエッセンス……適量
- ・すいか……2切れ(300g)

作り方

1 小さめのボウルに**A**の水を入れ、粉ゼラチンをふり入れてよく混ぜ、ふやかす。

2 鍋に牛乳を入れて、弱火で沸騰直前まで温めて火を止め、**1**を加えてよく混ぜ溶かし、グラニュー糖を加え混ぜる。粗熱がとれたら、アーモンドエッセンスを加え、グラスに流し入れ、冷蔵庫で冷やし固める。

3 すいかは皮をむき、上部の甘いところ(約100g)を角切りにする。残りはミキサーで攪拌してソースにする。

4 **2**に**3**のソースをかけ、すいかの角切りをのせてさらに冷やす。

Bavarian Cream & Mousse 3

ババロアは、牛乳、卵黄、砂糖などで作ったカスタードソースにゼラチン、ホイップクリームを混ぜ、型に流し入れて冷やし固めたぷるんとした食感のデザート。ムースは「泡」という意味があり、卵白や生クリームを泡立てたものと砂糖、ゼラチンを混ぜて冷やし固めたデザートで、ババロアよりもふわっとやわらかくなめらかな食感が特徴です。コーヒーや抹茶、チョコ、レモン風味など、バリエーションを広げたり、フルーツといっしょに召し上がれ。

冷やし固める目安時間は3〜4時間です。ただし、それ以上に冷やす必要のある場合は、レシピ内に目安時間を記載しています。

材料　110mlの型5個分

A ‖ ・粉ゼラチン……5g
　　‖ ・水……50ml
・卵黄……2個分
・グラニュー糖……40g
・牛乳……150ml
・バニラエッセンス……適量
・生クリーム……200ml

濃厚ババロア

たっぷりの生クリームで濃厚な、
ぷるんぷるんのババロア

作り方

1 小さめのボウルに**A**の水を入れ、粉ゼラチンをふり入れて泡立て器などでよく混ぜ、ふやかす（**a**）。

2 ボウルに卵黄、グラニュー糖を入れて、白っぽくなるまで泡立て器でよく混ぜる（**b**）。鍋に牛乳を入れ、弱火で沸騰直前まで温めて火を止め、ボウルに少しずつ加え混ぜる（**c**）。

3 **2**を鍋に戻し入れて中火にかけ、軽くとろみがつくまで煮たら火を止めて（**d**）、**1**を加え混ぜて溶かす。粗熱がとれたらボウルに茶こしでこしながら移す。ボウルの底を氷水につけて（**e**）、とろみがつくまで混ぜながら冷やしたら、バニラエッセンスを加える。

4 別のボウルに生クリームを入れ、七分立てにする（**f**）。

5 **3**に**4**を1/3量加えてよく混ぜ（**g**）、残りの**4**を加えて混ぜ合わせる。ぬらした型に流し入れ（**h**）、冷蔵庫で冷やし固める。型の底をお湯（80℃）につけて、型から取り出す。

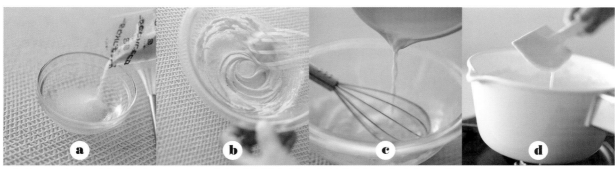

粉ゼラチンはふり入れたらすぐによく混ぜて。

ここでしっかりと卵黄を乳化させることで、なめらかな口あたりに。

温めた牛乳を少しずつ加え、その都度よく混ぜること。

鍋の底のほうが焦げないように、ゴムベラで丁寧に混ぜながら煮る。

ここでとろみがつくまで冷やすのが、口あたりがよくなるコツ。

生クリームは、泡立て器の跡がつくぐらいのかたさにする。

ホイップクリームは、**3**のとろみと同じぐらいの状態で混ぜて。

すぐにぬらした型に流し入れ、型の底をたたいて気泡を抜くこと。

アプリコットソース

甘酸っぱいソースですっきりとしたデザートに

材料と作り方　作りやすい分量

フードプロセッサーにアプリコット(缶詰)80g、グラニュー糖大さじ1を入れ、なめらかになるまで撹拌する。

ミルクソース

ミルク系のデザートをさらにミルキーな味わいに

材料と作り方　作りやすい分量

鍋に牛乳150ml、グラニュー糖大さじ1、コーンスターチ小さじ2を入れ、弱火にかけて、とろみがつくまで混ぜながら煮る。冷めたら保存容器に入れ、冷蔵庫で冷やす。

ソースのバリエーション

ミックスベリーソース

お手軽レシピで作って、カフェ風に

材料と作り方　作りやすい分量

フードプロセッサーにヘタを取ったいちご5個、ブルーベリー10粒、グラニュー糖大さじ1を入れ、なめらかになるまで撹拌する。

ストロングコーヒーソース

甘いデザートにパンチのある苦味が◎

材料と作り方　作りやすい分量

保存容器にエスプレッソ100mlを入れ、グラニュー糖大さじ1、ラム酒小さじ1/2を加えてよく混ぜ、冷蔵庫で冷やす。

ほっとする和のトッピングを添えて
抹茶ジュレ＆あずき
材料と作り方　作りやすい分量

鍋に水350mlを入れて沸騰したら、ふやかしたゼラチン（水50mlに粉ゼラチン5gをふり入れて混ぜる）と、グラニュー糖30g、抹茶ペースト（抹茶小さじ1、熱湯大さじ1をよく混ぜ合わせる）を加え、保存容器に茶こしでこしながら移し入れ、冷蔵庫で冷やし固める。スプーンでくずして、ゆであずき適量とともにババロアに添える。

缶詰にひと手間加えて、スパイシーなコンポートに
洋梨＆スパイス
材料と作り方　作りやすい分量

鍋に洋梨（缶詰）のシロップ100ml、半分に折ったシナモンスティック2本、八角1/2個を入れて弱火にかけ、煮立ったら火を止める。冷めたらくし形切りにした洋梨（缶詰）2切れ分を加え、保存容器に入れる。冷蔵庫に一晩おいて、味をなじませる。

トッピングのバリエーション

栄養価の高いプルーンはおすすめのトッピング
プルーンコンポート
材料と作り方　作りやすい分量

鍋に濃いめにいれた紅茶100ml、グラニュー糖大さじ1、シナモンスティック2本、八角1/2個を入れ、弱火にかけ、煮立ったら火を止める。ドライプルーン8粒を加え、冷めたら保存容器に入れ、冷蔵庫に一晩おいて、味をなじませる。

香ばしいナッツにこってりの甘みがおいしい
キャラメルナッツ
材料と作り方　作りやすい分量

ボウルにオーブントースターでローストしたミックスナッツ50gを入れ、キャラメルソース（市販）大さじ2を加えからめる。

モカババロア

コーヒーの香りでほっと一息。
ほろ苦いおやつに

材料　ココット5個分

A ・粉ゼラチン……5g
　　・水……50ml
・卵黄……2個分
・グラニュー糖……40g
・牛乳……150ml
B ・インスタントコーヒー
　　　……小さじ2
　　・熱湯……大さじ1
・バニラエッセンス……適量
・ラム酒……小さじ2
・生クリーム……200ml
C ・熱湯……大さじ2
　　・インスタントコーヒー・
　　　黒みつ……各大さじ1
　　・練乳……小さじ2
・シナモンパウダー……適量

作り方

1 小さめのボウルに**A**の水を入れ、粉ゼラチンをふり入れてよく混ぜ、ふやかす。

2 ボウルに卵黄、グラニュー糖を入れて、白っぽくなるまで泡立て器でよく混ぜる。鍋に牛乳を入れ、弱火で沸騰直前まで温める。

3 **2**のボウルに温めた牛乳を少しずつ加え、その都度混ぜる。鍋に戻し入れて中火にかけ、軽くとろみがつくまで混ぜながら煮たら火を止めて、**1**、混ぜ合わせた**B**を加え混ぜて溶かす。粗熱がとれたら、ボウルに茶こしでこしながら移す。ボウルの底を氷水につけて、とろみがつくまで混ぜて冷やしたら、バニラエッセンス、ラム酒を加え混ぜる。

4 別のボウルに生クリームを入れ、七分立てにする。

5 **3**に**4**を1/3量加えてよく混ぜたら、残りの**4**を加えて混ぜ合わせる。ココットに流し入れ、冷蔵庫で冷やし固める。

6 混ぜ合わせて冷やした**C**をかけ、シナモンをふる。

材料　グラス3個分

A ‖ ・粉ゼラチン……5g
　　‖ ・水……50ml

・卵黄……2個分

・グラニュー糖……40g

・牛乳……150ml

・生クリーム……200ml

・いちご……200g

B ‖ ・グラニュー糖……40g
　　‖ ・レモン汁……小さじ1

・いちご(トッピング用)……1 1/2個

作り方

1 ミキサーにヘタを取ったいちご、**B**を入れ、攪拌する。

2 小さめのボウルに**A**の水を入れ、粉ゼラチンをふり入れてよく混ぜ、ふやかす。

3 ボウルに卵黄、グラニュー糖を入れて、白っぽくなるまで泡立て器でよく混ぜる。鍋に牛乳を入れ、弱火で沸騰直前まで温める。

4 **3**のボウルに温めた牛乳を少しずつ加え、その都度混ぜる。鍋に戻し入れて中火にかけ、軽くとろみがつくまで混ぜながら煮たら火を止めて、**2**を加え混ぜて溶かす。粗熱がとれたら、ボウルに茶こしでこしながら移す。ボウルの底を氷水につけて、とろみがつくまで混ぜて冷やしたら、**1**の2/3量を加える。

5 別のボウルに生クリームを入れ、七分立てにする。

6 **4**に**5**を1/3量加えてよく混ぜたら、残りの**5**を加えて混ぜ合わせる。グラスに流し入れ、冷蔵庫で冷やし固める。

7 残りの**1**を流し入れ、半分に切ったいちごをのせる。

ストロベリーババロア

いちごのソースを最後に流し入れて、2層のかわいいババロアに

紅茶ババロア

スパイスの効いた
コンポートをのせて
チャイ風のババロアに

材料　ココット4個分

A ‖ ・粉ゼラチン……5g
　　‖ ・水……50ml
・紅茶(アールグレイ茶葉)……大さじ2
・熱湯……100ml
・牛乳……150ml
・グラニュー糖……40g
・生クリーム……200ml
・プルーンコンポート(P41)……適量

作り方

1 容器に紅茶を入れて熱湯を注ぎ、濃いめにいれて、茶こしでこす。

2 小さめのボウルにＡの水を入れ、粉ゼラチンをふり入れてよく混ぜ、ふやかす。

3 鍋に牛乳を入れ、弱火で沸騰直前まで温める。**2**、グラニュー糖を加えてよく混ぜて溶かし、**1**を加える。粗熱をとり、ボウルに茶こしでこしながら移す。ボウルの底を氷水につけて、とろみがつくまで混ぜて冷やす。

4 別のボウルに生クリームを入れ、七分立てにする

5 **3**に**4**を1/3量加えてよく混ぜたら、残りの**4**を加えて混ぜ合わせる。

6 ココットに流し入れ、冷蔵庫で冷やし固める。プルーンコンポートをのせる。

抹茶ババロア

紅茶ババロア

抹茶ババロア

洋菓子のババロアを、
抹茶とあずきで和風仕立てに

材料　グラス6個分

A ‖ ・粉ゼラチン……5g
　　‖ ・水……50ml
・抹茶……大さじ1
・熱湯……大さじ4
・卵黄……2個分
・グラニュー糖……40g
・牛乳……150ml
・生クリーム……200ml
・抹茶ジュレ&あずき(P41)……適量

作り方

1 小さめのボウルにＡの水を入れ、粉ゼラチンをふり入れてよく混ぜ、ふやかす。抹茶は熱湯で溶いておく。

2 ボウルに卵黄、グラニュー糖を入れて、白っぽくなるまで泡立て器でよく混ぜる。鍋に牛乳を入れ、弱火で沸騰直前まで温める。

3 **2**のボウルに温めた牛乳を少しずつ加える。鍋に戻し入れて中火にかけ、軽くとろみがつくまで混ぜながら煮たら火を止めて、**1**を加える。粗熱がとれたら、ボウルに茶こしでこしながら移す。ボウルの底を氷水につけて、とろみがつくまで混ぜて冷やす。

4 別のボウルに生クリームを入れ、七分立てにする。

5 **3**に**4**を1/3量加えてよく混ぜたら、残りの**4**を加えて混ぜ合わせる。グラスに流し入れ、冷蔵庫で冷やし固める。

6 抹茶ジュレ&あずきをのせる。

アプリコット
ババロア

喫茶店のメニューのような
昔懐かしいババロア

材料　160mlの型2個分

A ・粉ゼラチン……5g
　　・水……50ml

B ・アプリコット（缶詰）……200g
　　・缶詰のシロップ……50ml
　　・グラニュー糖……40g

・牛乳……50ml
・生クリーム……200ml
・コアントロー……大さじ1
・アプリコット（トッピング用）・
　ミント……各適量

作り方

1 小さめのボウルに**A**の水を
入れ、粉ゼラチンをふり入れ
てよく混ぜ、ふやかす。

2 ミキサーに**B**を入れ、なめら
かになるまで撹拌する。

3 鍋に牛乳を入れ、弱火で沸騰
直前まで温めて火を止める。
1を加えてよく混ぜて溶かし、
2を少しずつ加えて混ぜ溶か
す。ボウルの底を氷水につけ
て、とろみがつくまで混ぜて
冷やしたら、コアントローを
加えて混ぜる。

4 別のボウルに生クリームを入
れ、七分立てにする。

5 **3**に**4**を1/3量加えてよく混
ぜたら、残りの**4**を加えて混
ぜ合わせる。

6 型に流し入れ、冷蔵庫で冷や
し固める。型の底をさっとお
湯（80℃）につけて、型から取
り出して器に盛り、カットした
アプリコット、ミントを添える。

2色のぶどう
ババロア

アプリコット
ババロア

2色のぶどう
ババロア

ババロアとゼリーを
組み合わせた、
ちょっぴり贅沢なデザート

材料　330mlの型2個分

濃厚ババロア

A ・粉ゼラチン……5g
　　・水……50ml

・卵黄……2個分
・グラニュー糖……40g
・牛乳……150ml
・バニラエッセンス……適量
・生クリーム……200ml

ミルクゼリー

A ・粉ゼラチン……5g
　　・水……50ml

・水……200ml
・グラニュー糖……10g
・はちみつ……20g
・レモンの搾り汁……1/2個分
・バニラエッセンス……適量
・ぶどう（2色）……各12粒

作り方

1 ミルクゼリー（P11）の作り方**1**、
2を参照し、材料を牛乳から
水に変えて同様に作る。はち
みつ、レモン汁を加え混ぜ、
粗熱がとれたら、バニラエッ
センスを加え、ボウルに茶こ
しでこしながら移す。ボウル
の底を氷水につけて、とろみ
がつくまで冷やす。

2 型にぶどうを敷き詰め、**1**を
流し入れ、冷蔵庫で冷やし固
める。

3 濃厚ババロア（P39）の作り方
1〜**6**を参照し、同様に作り、
2の上に流し入れ、冷蔵庫で
冷やし固める。

Bavarian cream & Mousse

材料　グラス4個分

A ┃ ・粉ゼラチン……5g
　　 ┃ ・水……50ml

・牛乳……100ml

・生クリーム……200ml

・グラニュー糖……20g＋20g

・レモンの搾り汁・レモンの皮……
　各1/2個分

・卵白……1個分

・レモンの皮(せん切り)……適量

基本のムース

クリーミーでふわふわなムース。
ソースやトッピングでアレンジも自在

作り方

1 小さめのボウルに**A**の水を入れ、粉ゼラチンをふり入れて泡立て器などでよく混ぜ、ふやかす(**a**)。

2 鍋に牛乳を入れ、弱火で沸騰直前まで温めて火を止め、**1**、グラニュー糖20gを加えてよく混ぜて溶かす(**b**)。粗熱がとれたらレモンの搾り汁、すりおろしたレモンの皮を加え、ボウルの底を氷水につけて、とろみがつくまで混ぜながら冷やす(**c**)。

3 別のボウルに生クリームを入れ、七分立てにする(**d**)。

4 **2**に**3**を1/3量加えてよく混ぜたら(**e**)、残りの**3**を加えて混ぜ合わせる。

5 ボウルに冷蔵庫で冷やしておいた卵白を入れ、よく泡立てる。グラニュー糖20gを3回に分けて加え、メレンゲを作る。

6 **4**に**5**を1/3量加え混ぜ合わせたら(**f**)、残りの**5**を加えて混ぜ合わせる(**g**)。グラスに流し入れ(**h**)、冷蔵庫で冷やし固める。レモンの皮をのせる。

粉ゼラチンはふり入れたら、すぐによく混ぜて。

牛乳は沸騰直前で火からおろし、ゼラチンを加えること。

ここでとろみがつくまでよく冷やすのがポイント。

生クリームは、泡立て器の跡がつくくらいのかたさにホイップして。

ホイップクリームは、気泡を消さないように2回に分けて加えること。

メレンゲは1/3量を先に混ぜてから、残りのメレンゲを加える。

メレンゲを加えたら、泡をつぶさないように、混ぜ過ぎに注意する。

グラスに流し入れたら、グラスの底をたたいて表面を平らにする。

慣れ親しんだベリー系で、アレンジの幅を広げて
ラズベリー＆いちごソース
材料と作り方　作りやすい分量

ボウルにラズベリージャム大さじ2に水大さじ1を入れ、縦4等分に切り、さらに横半分に切ったいちご6個を加えて混ぜ合わせる。

すっきりと目覚める酸味の効いたソース
レモンカード
材料と作り方　作りやすい分量

ボウルに卵1個、グラニュー糖40g、レモンの搾り汁1個分を入れてよく混ぜる。バター（無塩）40gを加え、湯煎にかけてとろみがつくまで混ぜながら温める。すりおろしたレモンの皮適量を加え、冷蔵庫で冷やす。

ソースのバリエーション

コクと風味が抜群なヘルシーソース
練乳＆黒ごまソース
材料と作り方　作りやすい分量

ボウルに黒すりごま大さじ1を入れ、練乳大さじ2を加えてよく混ぜる。

ミルク味によく合うアールグレイを使って
アールグレイソース
材料と作り方　作りやすい分量

ボウルに濃いめにいれた紅茶（アールグレイ）120mlを入れ、はちみつ大さじ2、紅茶のティーバッグの茶葉小さじ1/2を加えてよく混ぜる。保存容器に入れ、冷蔵庫で冷やす。

そのままでもおいしい！ ヨーグルトなどにも◎

チェリーの赤ワイン煮

材料と作り方　作りやすい分量

鍋にダークチェリー（缶詰）のシロップ100ml、赤ワイン大さじ2、コーンスターチ小さじ1を入れて弱火にかけ、とろみがつくまで混ぜながら煮る。ダークチェリー（缶詰）8粒を加えたら保存容器に入れ、冷蔵庫で冷やす。

まとめて作っておくとラク！ フルーツをたっぷりと

マチェドニアフルーツ

材料と作り方　作りやすい分量

ボウルに小さめの乱切りにしたグレープフルーツ（ホワイト・ルビー）・オレンジ各3房、キウイフルーツ1/3個分入れを、グラニュー糖小さじ2を加えて和える。

トッピングのバリエーション

甘い黄桃にジンジャーのアクセントが絶妙！

黄桃＆ジンジャーシロップ

材料と作り方　作りやすい分量

ボウルに小さめの乱切りにした黄桃（缶詰）1切れ分を入れ、はちみつ小さじ2、おろししょうが小さじ1/2を加えて和える。

カクテル風味の爽快感があるトッピング

キウイ＆ライム

材料と作り方　作りやすい分量

ボウルに5mm厚さのいちょう切りにしたキウイフルーツ1/2個分を入れ、グラニュー糖小さじ1をまぶす。薄いいちょう切りにしたライムスライス適量を加えて混ぜ合わせる。

レアチーズムース

レアチーズのムースに柑橘類のトッピングを
添えて、爽やかなグラスデザート

材料　グラス4個分

A ・粉ゼラチン……5g
　　 ・水……50ml
・クリームチーズ……200g
・グラニュー糖……20g＋20g
・レモンの搾り汁・レモンの皮……各1/2個分
・プレーンヨーグルト（無糖）……100g
・生クリーム……100ml
・卵白……1個分
・レモンカード（P48）・全粒粉クッキー・レモン・
　タイム……各適量

作り方

1 小さめの耐熱ボウルに**A**の水を入れ、粉ゼラチンをふり入れてよく混ぜ、ふやかす。電子レンジで1分ほど加熱して溶かす。

2 ボウルに室温に戻したクリームチーズ、グラニュー糖20g、レモンの搾り汁、すりおろしたレモンの皮を入れ、なめらかになるまで混ぜ合わせる。ヨーグルトを加えて混ぜ、**1**を加え混ぜる。

3 基本のムース（P47）の作り方**3**〜**6**を参照し、同様に作る。

4 グラスに砕いた全粒粉クッキーを敷き詰め、**3**を流し入れ、冷蔵庫で冷やし固める。

5 レモンカードを**4**の上に流し入れ、冷蔵庫で冷やす。レモン、タイムを添える。

レモンシフォンムース

レモンの風味はしっかりありつつ、
ムースらしいまろやかな味わい

材料　120mlの型3個分

A ‖ ・粉ゼラチン……5g
　　‖ ・水……50ml
・牛乳……100ml
・はちみつ……30g
・プレーンヨーグルト(無糖)……
　100g
・レモンの搾り汁・
　レモンの皮……各1/2個分
・生クリーム……100ml
・卵白……1個分
・グラニュー糖……20g
・マチェドニアフルーツ(P49)・
　ミント……各適量

作り方

1 小さめのボウルに**A**の水を入れ、粉ゼラチンをふり入れてよく混ぜ、ふやかす。

2 鍋に牛乳を入れ、弱火で沸騰直前まで温めて火を止めて、**1**、はちみつを加えてよく混ぜて溶かす。粗熱をとり、ヨーグルト、レモンの搾り汁、すりおろしたレモンの皮を加えて混ぜ、ボウルの底を氷水につけて、とろみがつくまで混ぜて冷やし、泡立てておく。

3 別のボウルに生クリームを入れ、七分立てにする。

4 **2**に**3**を1/3量加えてよく混ぜたら、残りの**3**を加えて混ぜ合わせる。

5 基本のムース(P47)の作り方**5**、**6**を参照し、同様に作り、型に流し入れ、冷蔵庫で冷やし固める。

6 型の底をさっとお湯(80℃)につけて、型から取り出して器に盛り、マチュドニアフルーツ、刻んだミントを添える。

チョコレート とろとろムース

クリーミーなムースに
チョコレートがとろける
おいしさ

材料　150mlの型3個分

A ｜ ・粉ゼラチン……5g
　 ｜ ・水……50ml

・チョコレート……100g

・牛乳……100ml

・ラム酒……大さじ1

・生クリーム……200ml

・ホイップクリーム・ココア……
　各適量

作り方

1 小さめの耐熱ボウルに**A**の
水を入れ、粉ゼラチンをふり
入れてよく混ぜ、ふやかす。
電子レンジで1分ほど加熱し
て溶かす。

2 耐熱ボウルにチョコレートを
細かく割り入れ、電子レンジ
で2分ほど加熱して溶かす。**1**、
牛乳を加えて混ぜ、ラム酒を
加えて混ぜ、冷ます。

3 別のボウルに生クリームを入
れ、六分立てにする。

4 **2**に**3**を1/3量加えてよく混
ぜたら、残りの**3**を加えて混
ぜ合わせる。型に流し入れ、
冷蔵庫で冷やし固める。

5 ホイップクリームをのせ、コ
コアをふる。

ヨーグルト
ムース
チェリーソース

チョコレート
とろとろムース

ヨーグルト ムース チェリーソース

ヨーグルトのすっきりとした
ムースに、チェリーを添えて
アクセントに

材料　180mlの型2個分

A ｜ ・粉ゼラチン……5g
　 ｜ ・水……50ml

・プレーンヨーグルト（無糖）……
　400g

・はちみつ……20g

・レモンの搾り汁・レモンの皮……
　各1/2個分

・生クリーム……200ml

・卵白……1個分

・グラニュー糖……20g

・チェリーの赤ワイン煮(P49)・
　レモンの皮……各適量

作り方

1 小さめの耐熱ボウルに**A**の
水を入れ、粉ゼラチンをふり
入れてよく混ぜ、ふやかす。
電子レンジで1分ほど加熱し
て溶かす。

2 ボウルにヨーグルト、はちみ
つ、レモンの搾り汁、すりお
ろしたレモンの皮を入れてよ
く混ぜ、**1**を加え混ぜる。

3 基本のムース(P47)の作り方
3〜**6**を参照し、同様に作る。

4 型の底をお湯(80℃)につけて、
型から取り出し、チェリーの
赤ワイン煮を添え、せん切り
にしたレモンの皮を添える。

ホワイトチョコの ムーステリーヌ

濃厚なホワイトチョコの甘みに
ラズベリーがアクセント

材料　17.5×8×6cmのパウンド型
1台分

A ‖ ・粉ゼラチン……5g
　‖ ・水……50ml
・牛乳……150ml
・ホワイトチョコレート……100g
・グラニュー糖……30g
・生クリーム……200ml
B ‖ ・ラズベリージャム……大さじ4
　‖ ・赤ワイン……大さじ3
・スポンジケーキ(市販)……100g
・ラズベリー&いちご(P48)……適量

作り方

1 小さめのボウルにAの水を入れ、粉ゼラチンをふり入れてよく混ぜ、ふやかす。

2 耐熱ボウルにホワイトチョコレートを細かく割り入れ、電子レンジで2分ほど加熱して溶かす。

3 鍋に牛乳を入れて、弱火で沸騰直前まで温めて火を止め、1、グラニュー糖を加えてよく混ぜ溶かす。粗熱がとれたら、ボウルに茶こしでこしながら移す。ボウルの底を氷水につけて、とろみがつくまで混ぜて冷やす。2を加え混ぜる。

4 基本のムース(P47)の作り方を参照し、3〜4と同様に作る。

5 パウンド型にクッキングペーパーを敷き、くずしたスポンジケーキを敷き詰め、混ぜ合わせたBを塗り、4を半量流し入れる。これを一度繰り返して重ねたら、表面を平らにして冷蔵庫で冷やし固める。

6 切り分けて、ラズベリー&いちごを添える。

ココナツムースの
マンゴースープ

ホワイトチョコの
ムーステリーヌ

ココナツムースの マンゴースープ

ココナツとマンゴーで南国風の
トロピカルな冷たいスープ

材料　4皿分

A ‖ ・粉ゼラチン……5g
　‖ ・水……50ml
・牛乳……100ml
・グラニュー糖……30g
・ココナツクリーム……100ml
・生クリーム……100ml
・マンゴー(冷凍)……150g
B ‖ ・100%マンゴージュース……
　‖ 350ml
　‖ ・グラニュー糖……大さじ2
・オレンジ・パッションフルーツ・
ライムの皮……各適量

作り方

1 小さめのボウルにAの水を入れ、粉ゼラチンをふり入れてよく混ぜ、ふやかす。

2 鍋に牛乳を入れ、弱火で沸騰直前まで温めて火を止め、1、グラニュー糖を加えてよく混ぜて溶かす。ココナツクリームを加え混ぜる。粗熱がとれたら、ボウルに茶こしでこしながら移す。ボウルの底を氷水につけて、とろみがつくまで混ぜて冷やす。

3 別のボウルに生クリームを入れ、七分立てにする。

4 2に3を1/3量加えてよく混ぜたら、残りの3を加えて混ぜ合わせる。保存容器に流し入れ、冷蔵庫で冷やし固める。

5 ミキサーに解凍したマンゴー、Bを入れ、攪拌する。器に流し入れ、スプーンですくった4を入れ、オレンジをのせ、パッションフルーツの果肉(種ごと)、すりおろしたライムの皮を散らす。

Bavarian cream & Mousse

Agar dessert 4

ゼラチンに比べて、凝固力が強い寒天は、さくっとした歯切れのよさとなめらかな食感が特徴です。食物繊維が豊富な上、ローカロリーなので、ダイエット時のおやつにぴったり。シンプルな寒天はもちろん、水ようかん、抹茶かん、ほうじ茶かんなど、和のスイーツとしてはもちろん、フルーツや牛乳を使った洋風寒天も楽しめます。寒天と水分の配合を調整して、ゆるく作れば、豆花や杏仁豆腐のようなとろとろのデザートも楽しめます。

冷やし固める目安時間は3〜4時間です。ただし、それ以上に冷やす必要のある場合は、レシピ内に目安時間を記載しています。

材料　12×15×4cmの流し缶1台分

・粉寒天……4g(1袋)
・水……400ml
・グラニュー糖……30g
・好みのソース(P58)……適量

作り方

1 鍋に水を入れ、粉寒天をふり入れて泡立て器などでよく混ぜる(**a**)。中火にかけ、煮立ってきたら弱火にして3〜4分よくかき混ぜて、寒天を煮溶かす(**b**)。

2 **1**にグラニュー糖を加えて(**c**)泡立て器などでよく混ぜたら火を止める。

3 **2**の粗熱がとれたら、流し缶に茶こしでこしながら流し入れ(**d**)、冷蔵庫で冷やし固める。

4 型から取り出してまな板にのせ(**e**)、賽の目に切る(**f**)。好みのソースをかける。

シンプル寒天

ダイエット中のおやつにもピッタリ。
シンプルな寒天に、好みのトッピングを添えて

水に粉寒天をふり入れたら、火にかける前によく混ぜて。

粉寒天は、底に沈みやすいので、必ず混ぜながら煮ること。

粉寒天が完全に溶けて、透明感が出てきたら、グラニュー糖を加えて。

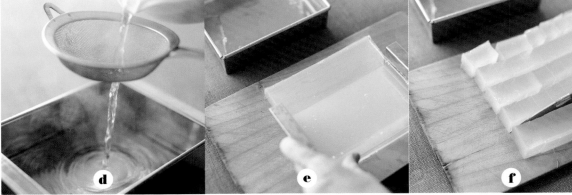

口あたりがなめらかな寒天を作るために、茶こしでこすこと。

流し缶から出して、軽く手で押して、型から寒天を取り出して。

包丁で、縦に細長く切ってから、横に包丁を入れ、1.5cm角ぐらいの賽の目に切って。

和風テイストで上品なソース
お抹茶ソース
材料と作り方　作りやすい分量

ボウルに抹茶・グラニュー糖各大さじ1を入れて混ぜ合わせ、熱湯100mlを加えて、細かい泡が出るように泡立て器でよく混ぜる。氷2〜3個を加えて一気に冷やす。

淡泊な寒天に定番の黒みつで、シンプルに味わって
黒みつソース
材料と作り方　作りやすい分量

鍋に細かく刻んだ黒砂糖100g、水100mlを入れてよく混ぜ、中火にかける。黒砂糖が溶けてきたらごく弱火にして、ときどき混ぜながら、4〜5分煮詰める。粗熱をとり、保存容器に茶こしでこしながら移し入れ、冷蔵庫で冷やす。

ソースのバリエーション

夏にぴったり！ バテた体に染み渡る
赤しそシロップソース
材料と作り方　作りやすい分量

保存容器に赤しそシロップ50mlを入れ、はちみつ大さじ2を加えて混ぜ、冷蔵庫で冷やす。

しょうがで体がポカポカ。甘酒の甘みを利用して
甘酒＆ジンジャーソース
材料と作り方　作りやすい分量

保存容器に甘酒（米麹入り）100mlを入れ、おろししょうがの絞り汁小さじ1を加えて混ぜ、冷蔵庫で冷やす。

白あん＆レモンピール

あっさりした白あんにレモンの皮を組み合わせて

材料と作り方　作りやすい分量

白あん60gに、レモンピール（市販）大さじ2を添える。

アプリコットコンポート

10分煮るだけ簡単！　しっかり冷やすのがおすすめ

材料と作り方　作りやすい分量

鍋に水100ml、グラニュー糖大さじ2を入れて煮立てる。ぬるま湯につけて戻したアプリコット20gを加え、弱火で10分煮る。

トッピングのバリエーション

Agar dessert

マンゴー＆バナナ

食べ応えアップ！　濃厚なフルーツといっしょに

材料と作り方　作りやすい分量

ボウルに解凍した冷凍マンゴー50g、輪切りしたバナナ1/4本分を入れて、合わせる。

ミニ白玉

2つの異なる食感を楽しんで

材料と作り方　作りやすい分量

ボウルに白玉粉50g、絹ごし豆腐70gを入れてよく練り合わせ、小さめに丸める。鍋にお湯を沸かし、丸めた白玉を入れ、浮いてきたら1分ほどゆでて、冷水にとる。

材料　12×15×4cmの流し缶各1台分

A ‖ ・粉寒天……2g（1/2袋）
　　‖ ・100%マンゴージュース……100ml
・マンゴー（冷凍）……100g
・グラニュー糖……10g
B ‖ ・粉寒天……2g（1/2袋）
　　‖ ・牛乳……200ml
・グラニュー糖……20g
・練乳……大さじ1
・ミント・オレンジ……各適量

作り方

1 鍋に**A**のマンゴージュースを入れ、粉寒天をふり入れてよく混ぜる。中火にかけ、煮立ったら弱火にして1〜2分よくかき混ぜて、寒天を煮溶かす。

2 **1**に解凍したマンゴー、グラニュー糖を加え、ミキサーで撹拌する。

3 **2**の粗熱がとれたら、流し缶に茶こしでこしながら流し入れ、冷蔵庫で冷やし固める。

4 鍋に**B**の牛乳を入れ、粉寒天をふり入れてよく混ぜる。中火にかけ、煮立ったら弱火にして1〜2分煮て、寒天を煮溶かす。

5 **4**に砂糖、練乳を加えてよく混ぜて溶かす。粗熱がとれたら、流し缶に流し入れ、冷蔵庫で冷やし固める。

6 **3**、**5**を大きめにカットして器に盛り、ミント、食べやすい大きさに切ったオレンジを添える。

マ ン ゴ ー 寒 天

濃厚な味わいの
マンゴー寒天は絶品。
牛乳寒天と合わせてトロピカル
なデザートボウルに

いちご 水ようかん

抹茶ミルクかん

いちご水ようかん

丁寧にこしあんを溶かすのが
ポイント。
家でも水ようかんが作れる!

材料　グラス8個分

A ┃ ・粉寒天……2g（1/2袋）
　 ┃ ・水……250ml

・こしあん……250g

B ┃ ・粉寒天……2g（1/2袋）
　 ┃ ・水……200ml

・グラニュー糖……20g

・いちご……6個

作り方

1 鍋にAの水を入れ、粉寒天を
ふり入れてよく混ぜる。中火
にかけ、煮立ったら弱火にし
て3〜4分よくかき混ぜて、寒
天を煮溶かす。

2 1にこしあんを少しずつ加え、
なめらかになるまで混ぜて
溶かす。

3 2の粗熱がとれたら、グラス
に流し入れ、冷蔵庫で冷やし
固める。

4 鍋にBの水を入れ、粉寒天を
ふり入れてよく混ぜる。中火
にかけ、煮立ったら弱火にし
て3〜4分よくかき混ぜて、寒
天を煮溶かす。

5 4にグラニュー糖を加えてよ
く混ぜ、粗熱をとり、冷ます。

6 3のグラスにヘタを取り、半
分に切ったいちごを入れ、5
を流し入れ、冷蔵庫で冷やし
固める。

抹茶ミルクかん

喉ごしツルン!
抹茶の深い味わいに大満足な一品

材料

7×12×4.5cmの流し缶1台分

・粉寒天……2g（1/2袋）

・水……400ml

・コーンスターチ……大さじ1

・グラニュー糖……40g

・牛乳……50ml

A ┃ ・抹茶……大さじ1
　 ┃ ・熱湯……大さじ4

・ゆであずき・ホイップクリーム・
　抹茶……各適量

作り方

1 容器にAを入れ、よく混ぜる。

2 鍋に水を入れ、粉寒天、コンスターチをふ
り入れてよく混ぜる。中火にかけ、煮立った
ら弱火にして3〜4分よくかき混ぜて、寒天
を煮溶かす。

3 2にグラニュー糖を加えてよく混ぜ、1に少
しずつ加えてよく混ぜたら牛乳を加え混ぜ
る。

4 3の粗熱がとれたら、流し缶に茶こしでこ
しながら流し入れ、冷蔵庫で冷やし固める。

5 型から取り出し、長方形に切る。器に盛り、
ゆであずき、ホイップクリームを添え、茶こ
しで抹茶をふる。

抹茶かん

濃いめの抹茶寒天に
アイスクリームがよく合う

材料
12×15×4cmの流し缶1台分

・粉寒天……4g（1袋）
・水……400ml
・グラニュー糖……30g
・抹茶……大さじ1
・熱湯……大さじ4
・抹茶アイスクリーム・抹茶……各
　適量

作り方

1 ボウルに抹茶をふるい入れ、熱湯を注いでよく混ぜ合わせる。

2 鍋に水を入れ、粉寒天をふり入れてよく混ぜる。中火にかけ、煮立ったら弱火にして3～4分よくかき混ぜて、寒天を煮溶かす。

3 2を1に少しずつ注ぎ、よく混ぜ合わせる。

4 3の粗熱がとれたら、流し缶に茶こしでこしながら流し入れ、冷蔵庫で冷やし固める。

5 型から取り出し、大きめの賽の目（2cm角）に切る。器に盛り、抹茶アイスクリームを添え、茶こしで抹茶をふる。

抹茶かん

ほうじ茶あんみつ

ほうじ茶の香りが漂う寒天で、
グッと深みが増したあんみつに

材料
12×15×4cmの流し缶1台分

・粉寒天……4g（1袋）
・濃いめにいれたほうじ茶……
　400ml＋200ml
・きび砂糖……30g
A ┃・グラニュー糖……30g
　　┃・水……50ml
・こしあん・いちじく・きなこ……
　各適量

作り方

1 鍋に濃いめにいれたほうじ茶400mlを入れ、粉寒天をふり入れてよく混ぜる。中火にかけ、煮立ってきたらよくかき混ぜて、寒天を煮溶かす。

2 1にきび砂糖を加えてよく混ぜたら粗熱をとり、流し缶に茶こしでこしながら流し入れ、冷蔵庫で冷やし固める。

3 鍋にAを入れて弱火にかける。ほうじ茶200mlを加え、冷やす。

4 2を型から取り出し、賽の目に切る。器に盛り3をかけ、こしあん、いちじくをのせ、きなこをふる。

ほうじ茶あんみつ

豆花の
アプリコット
コンポート

アプリコットで甘みをプラス。
中華風のデザートに

材料
12×15×4cmの流し缶1台分

A ・粉寒天……2g（1/2袋）
　　 ・無調整豆乳……350ml
　　 ・水……250ml
　　 ・コンスターチ……大さじ1
・きび砂糖……30g

B ・きび砂糖……50g
　　 ・水……400ml
　　 ・しょうが（皮つきのままおろす）
　　 　……30g
・アプリコットコンポート（P49）・ク
　コの実・黒豆・しょうが（せん切り）
　……各適量

作り方

1 鍋に**A**を入れてよく混ぜる。
中火にかけ、沸騰したら弱火
にして、寒天を煮溶かす。

2 **1**にきび砂糖を加えてよく混ぜ
たら粗熱をとり、流し缶に茶
こしでこしながら流し入れ、
冷蔵庫で冷やし固める。

3 鍋に**B**を入れて弱火で煮立
て、冷めたら茶こしでこして
冷やし固める。

4 器に大きめに切った**2**を入
れ、**3**を注ぎ入れる。アプリ
コットコンポート、クコの実、
黒豆、せん切りにしたしょう
がを散らす。

豆花のアプリコット
コンポート

ココナツクリームの
エスニックデザート風

ココナツクリーム
のエスニック
デザート風

ゴロゴロフルーツを添えて
食べごたえも◎

材料
12×15×4cmの流し缶1台分

A ・粉寒天……4（1袋）
　　 ・水……300ml
・ココナツクリーム……200g
・グラニュー糖……30g
・マンゴー（缶詰）・缶詰のシロップ・
　ミント……各適量

作り方

1 鍋に**A**の水を入れ、粉寒天を
ふり入れてよく混ぜる。中火
にかけ、煮立ってきたら弱火
にしてよくかき混ぜて、寒天
を煮溶かす。

2 **1**にココナツクリーム、グラ
ニュー糖を加えてよく混ぜた
ら弱火にかけ、沸騰直前まで
温める。粗熱がとれたら、流
し缶に茶こしでこしながら流
し入れ、冷蔵庫で冷やし固め
る。

3 **2**を大きめにカットして器に
盛り、マンゴー、缶詰のシロ
ップを入れ、ミントを添える。

Big 5 sweets

ゼリー、プリン、ババロア、ムース、寒天デザートを直径
12cmぐらいのボウルやパウンド型、流し缶などに流し
込んで冷やし固める大きいデザート。家族みんなで囲
むテーブルや、お友達がきたときのおもてなしにおすす
めです。手間は同じなのに、大きく作るだけで特別感を
演出できます。詰め方のポイントをおさえて、お休みの
日やお祝いの日に親子で作るのも楽しいですね。大き
い型がなくても、耐熱ボウルや保存容器でも作れます。

冷やし固める目安時
間は3〜4時間です。
ただし、それ以上に冷
やす必要のある場合
は、レシピ内に目安時
間を記載しています。

材料　直径15cmのボウル1台分

A ・粉ゼラチン……5g
　　・水……50ml
・缶詰のシロップ……150ml
・水……50ml
・グラニュー糖……30g
・いちご……8個
・キウイフルーツ……1個
・パイナップル(缶詰)……150g
・みかん(缶詰)……150g

作り方

1 小さめのボウルに**A**の水を入れ、粉ゼラチンをふり入れてよく混ぜ、ふやかす。

2 鍋に缶詰のシロップ、水を入れて沸騰させ、**1**、グラニュー糖を入れてよく混ぜる。火からおろして粗熱をとり、しっかりと冷ます。鍋ごと氷水につけて、とろみが出るまで冷やす。

3 いちごはヘタを取り、半分に切る。キウイフルーツは半月切り、パイナップルとみかんは缶詰の汁けをよくきる。

4 ボウルを水でぬらし、**3**を隙間なく、ぎっしりと敷き詰める(**a**)。**2**を流し入れ(**b**)、さらに**3**を詰め、残りの**2**を流し入れ、冷蔵庫で7〜8時間冷やし固める。

5 ミルクゼリー(P11)の作り方**4**を参照し、同様に型から取り出す。

ドームゼリー

イベントごとにぴったり！
みんなで食べて楽しい大きなゼリー

材料　17.5×8×6cmのパウンド型1台分

・かぼちゃ（正味）……300g
A ‖ ・グラニュー糖……80g
　‖ ・水……60ml
　‖ ・熱湯……20ml
・卵……2個
・グラニュー糖……60g
・牛乳……300ml
・ラム酒……大さじ1
・サラダ油……適量

作り方

1 かぼちゃは大きめの乱切りにする。鍋に入れて、かぶるくらいの水を加え（分量外）、やわらかくなるまでゆでる。粗熱をとり、裏ごしをする。

2 鍋に水、グラニュー糖を入れて、中火にかける。グラニュー糖が溶けて煮詰まり、まわりが焦げてきたら、鍋をゆすりながら全体が茶色になるまでむらなく焦がす。きれいなカラメル色になったら火を止め、鍋を奥に傾けながら熱湯を加える。

3 ペーパータオルなどで薄くサラダ油を塗ったパウンド型に**2**を流し入れ（**a**）、カラメルが固まるまで冷蔵庫で冷やしておく。

4 ボウルに卵を割り入れ、グラニュー糖を入れてよく溶きほぐし、**1**を加えてよく混ぜる。牛乳、ラム酒を加え、こし器でこしながら**3**に流し入れ、アルミホイルをかぶせる。

5 厚手の鍋に**4**を入れ（**b**）、熱湯（分量外）を注ぎ入れ、蓋をしてごく弱火で約30分蒸す。蒸しあがったら蓋をしたまま冷めるまでおき、余熱で中まで火を通す。

パンプキンプリン

たっぷり食べられてうれしいバケツプリン風。
子どもの集まるパーティーにもおすすめ♩

材料　直径18cmのボウル1台分

- スポンジケーキ（市販）……
  直径18cm1台分
- いちご……300g
- 生クリーム……400ml
- グラニュー糖……40g
- いちごジャム……大さじ3
- 水……大さじ2

作り方

1 スポンジケーキは5mm厚さにスライスする。蓋用のスポンジを残し、6等分の放射状にカットする。いちごはヘタを取る。ボウルに生クリーム、グラニュー糖を入れ、八分立てにする。

2 いちごジャムに水を加えていちごソースを作る。

3 ボウルにラップを敷き、**1**のスポンジを敷き詰め（**a**）、**2**を塗る。

4 **3**に**1**のホイップクリーム1/3量を詰め、**1**のいちご1/3量を並べる。これを繰り返し（**b**）、残しておいたスポンジで蓋をする。ラップをかぶせ、冷蔵庫で2〜3時間冷やす。トッピング用にいちごとホイップクリームは残しておく。

5 ボウルからラップごと取り出し、ひっくり返して器に盛り、ラップを外す。残しておいたホイップクリームを全体に塗り、パレットナイフで下から上に筋をつける（**c**）。スライスしたいちごを飾る。

いちごのズコット

生クリームがたっぷり詰まったドーム型のケーキ。
火を使わずに作れるから、子どもといっしょに作っても◎

材料

底11.5×上面直径14×
高さ8cmのシャルロット型1台分

- ミックスベリー(冷凍)……250g
- グラニュー糖……250g
- レモン汁……大さじ1
- 食パン(サンドイッチ用)……6枚
- プレーンヨーグルト(無糖)……
　400g(水きりして250g)
- **A** ‖ ・粉ゼラチン……5g
　　　 ・水……50ml
- 水……100ml
- 白ワイン……大さじ2
- グラニュー糖……50g
- 生クリーム……100ml
- ブルーベリー・ラズベリー・
　ブラックベリー・ミント……各
　適量

作り方

1 ヨーグルトはペーパータオルを敷い
たザルにあけ、1時間ほどおいて水
きりをする。

2 鍋に冷凍のままのミックスベリー、
グラニュー糖、レモン汁を入れて中
火にかける。煮立ってきたら弱火に
して、2〜3分煮る。火からおろして
粗熱をとり、ザルで果肉と果汁に分
ける。果肉は冷蔵庫で冷やしておく。

3 食パン1枚は蓋用に丸く切り、2枚は
三角形に8枚切り、3枚は台形に10
枚切る。

4 型にラップを敷いて、底に**3**の三角
形の食パン、側面に台形の食パンを
敷き詰める。

5 **2**の果汁を**4**にたっぷりと塗り、冷
蔵庫で冷やす。蓋に塗る果汁を残し
ておく。

6 小さめのボウルに**A**の水を入れ、
粉ゼラチンをふり入れてよく混ぜ、
ふやかす。

7 鍋に水、白ワインを入れ、弱火に
かけ、煮立ったら火を止める。**6**、
グラニュー糖を加えてよく混ぜる。
粗熱をとり、完全に冷ましておく。

8 ボウルに**1**、生クリームを入れて
混ぜ、**7**を加え混ぜる。

9 **5**の型に**8**の1/3量を流し込み、
2の果肉を入れる。残りの**8**を流
し入れ、残りの食パンで蓋をして、
果汁を塗る。ラップでしっかりと
包み、冷蔵庫で冷やす。

10 型からラップごと取り出し、ひっくり
返して器に盛り、ラップを外す。ブル
ーベリー、ラズベリー、ブラックベリ
ー、ミントを添える。

サマープディング

たっぷりのベリーを使ったイギリスのスイーツ。
食パンを使ってできるのがうれしい!

バナナ＆カスタード トライフル

重ねるだけで簡単！
食べ盛りな子どもたちのおやつにもぴったり

材料　直径11.5×高さ11cmのガラス
容器1台分

・卵黄……2個分
・グラニュー糖……50g
A ┃・コーンスターチ……10g
　 ┃・小麦粉……10g
・牛乳……250ml
・バニラエッセンス……適量
・生クリーム……100ml
・グラニュー糖……10g
・スポンジケーキ(市販)……適量
・オレンジ＆マーマレード(P13)……
　適量
・バナナキャラメル(P27)……適量

作り方

1 ボウルに卵黄、グラニュー糖を入れ、白っぽくなるまで泡立て器ですり混ぜたら、**A**をふるい入れる。

2 鍋に牛乳を入れて弱火にかけ、沸騰する直前に火を止める。**1**に少しずつ加えてよく混ぜたら、こしながら鍋に戻し入れる。中火にかけ、鍋底が焦げつかないようにゴムベラで混ぜながら煮る。とろみがついてきたら弱火にして、よく混ぜながら煮る。ポコポコと気泡が出てきたら火を止める。粗熱がとれたら、バニラエッセンスを加える。完全に冷めたら裏ごしをする。

3 ボウルに生クリーム、グラニュー糖を入れ、八分立てのホイップクリームを作り、ポリ袋に入れ、輪ゴムで縛ったら先端を切る（あれば口金をつける）。

4 ガラス容器に、くずしたスポンジケーキを詰める。オレンジ＆マーマレード、**2**のカスタードクリーム、バナナキャラメルを重ねて入れる。さらにくずしたスポンジ、**3**を絞り出し、バナナキャラメル、オレンジ＆マーマレードを重ねる。

リング型で作る
オレンジババロア

とろけるおいしさでペロリと完食間違いなし！
たっぷりのせたオレンジが涼しげなデザート

材料　直径16cmのリング型1台分

A ・粉ゼラチン……5g
　・水……50ml
・100％オレンジジュース……
　　100ml＋100ml
・グラニュー糖……30g
・マーマレード……30g
・生クリーム……200ml
・コアントロー……大さじ1
・オレンジ……1個
・ミント……適量

作り方

1 オレンジはよく洗い、皮をすりおろす。果肉は取り出して、半分に切る。

2 小さめのボウルにAの水を入れ、粉ゼラチンをふり入れてよく混ぜ、ふやかす。

3 鍋にオレンジジュース100mlを入れ、沸騰直前まで温める。2、グラニュー糖を加えてよく混ぜて溶かす。粗熱がとれたら、オレンジジュース100mlを加え、茶こしでこしながらボウルに移す。

4 ボウルの底を氷水につけて、とろみがつくまで混ぜながら冷やし、マーマレード、コアントロー、1のすりおろしたオレンジの皮を加える。

5 別のボウルに生クリームを入れ、七分立てにする。

6 4に5を1/3量加えてよく混ぜたら、残りの5を加えて混ぜ合わせる。

7 型に流し入れ、冷蔵庫で冷やし固める。型の底をさっとお湯（80℃）につけて、型から取り出して器に盛り、1の果肉、ミントを飾る。

バナナティラミス

コーヒーシロップを染み込ませて、
しっとりおいしい本格的なティラミス

材料 12×12×7cmの容器1台分

・マスカルポーネ……250g

A ・卵黄……2個分
・グラニュー糖……30g

B ・卵白……2個分
・グラニュー糖……30g

C ・インスタントコーヒー……大さじ1
・熱湯……大さじ2
・グラニュー糖……20g
・ラム酒……小さじ2

・バナナ……2本

・スポンジケーキ(市販)または
　フィンガービスケット・ココア……各適量

作り方

1 マスカルポーネは冷蔵庫から出して、常温に戻しておく。**B**の卵白は冷蔵庫で冷やしておく。

2 **C**をよく混ぜ合わせてシロップを作り、冷蔵庫で冷やしておく。

3 ボウルに**A**を入れてよく混ぜる。60℃の湯煎にかけて、白っぽくなるまでよく泡立てたら、**1**のマスカルポーネを少しずつ加えてよく混ぜる。

4 別のボウルに**1**の卵白を入れてよく泡立てる。グラニュー糖を3回に分けて加え、しっかりとしたメレンゲを作る。

5 **3**に**4**を1/4量加えてよく混ぜたら、残りの**4**を加えて混ぜ合わせる。厚手のポリ袋に入れ、輪ゴムで縛ったら先端を切る。

6 容器にくずしたスポンジケーキを敷き詰め、**2**を染み込ませ、**5**を半量絞り出す。輪切りにしたバナナを並べ、残りの**5**を絞り出したら、冷蔵庫でしっかりと冷やす。仕上げに茶こしでココアをふる。

バナナティラミス

フローズンヨーグルト

フローズンヨーグルト

火を使わないでできるから、
子どもといっしょに作りたい!

材料 18×12×6cmのホーロー保存容器1台分

・プレーンヨーグルト(無糖)……400g

・グラニュー糖……20g

・はちみつ……20g

・生クリーム……100ml

・ブルーベリージャム……大さじ3

作り方

1 ヨーグルトの入った容器にグラニュー糖、はちみつ、生クリームを加えてよく混ぜる。

2 ホーロー保存容器に**1**を流し入れ、冷凍庫に2時間ほど入れる。まわりが凍ってきたらスプーンでよくかき混ぜ、再び冷凍庫に入れる。2時間後に再度冷凍庫から取り出して室内におき、まわりが溶けてきたらスプーンでよくかき混ぜる。これを3〜4回繰り返す。

3 ブルーベリージャムを所々に落としてざっくりと混ぜ、マーブルにする。

クレームダンジュ

チーズ好きにはたまらない！
水きりヨーグルトで作る
ふんわり食感のデザート

材料 直径12cmのボウル1台分

A ・粉ゼラチン……3g
　　・水……50ml
・プレーンヨーグルト(無糖)……400g(水きりして250g)
・リコッタチーズ……250g
・はちみつ……30g
・グラニュー糖……20g
B ・卵白……1個分
　　・グラニュー糖……30g
・白ワイン……大さじ2
C ・ブルーベリー(冷凍)……30g
　　・ブルーベリージャム……大さじ1

作り方

1 ヨーグルトはペーパータオルを敷いたザルにあけ、1時間ほどおいて水きりをする。**B**の卵白は冷蔵庫で冷やしておく。

2 **1**の水きりしたヨーグルトにリコッタチーズ、はちみつ、グラニュー糖を加えてよく混ぜる。

3 小さめの耐熱ボウルに**A**の水を入れ、粉ゼラチンを加えてよく混ぜ、ふやかす。電子レンジで1分ほど加熱して溶かし、白ワイン、**2**を加え混ぜる。

4 ボウルに**1**の卵白を入れてよく泡立てる。グラニュー糖を3回に分けて加え、しっかりとしたメレンゲを作る。

5 **3**に**4**を1/3量加えてよく混ぜたら、残りの**4**を加えて混ぜ合わせる。

6 ボウルに20cm×20cmのガーゼを敷き、**5**を1/4量すくって入れ、混ぜ合わせた**C**を中心に詰める。残りの**5**を入れたら、ガーゼの口をてるてる坊主のように絞り、紐で留める(**a**)。そのまま冷蔵庫でしっかりと冷やす。

クレームダンジュ

チーズテリーヌ

チーズテリーヌ

やさしくなめらかな口溶けで、
子どもから大人に喜ばれる一品に

材料 17.5×8×6cmのパウンド型1台分

・クリームチーズ……200g
・レモン……1/2個
・グラニュー糖……100g
・プレーンヨーグルト(無糖)……100g
・卵……2個
・生クリーム……100ml
・薄力粉……大さじ2

作り方

1 クリームチーズは室温に戻しておく。レモンは皮をすりおろし、果汁を搾る。

2 ボウルに**1**のクリームチーズ、グラニュー糖を入れてゴムベラでよく練り混ぜたら、ヨーグルト、卵、生クリーム、**1**のレモンを加え、なめらかになるまで混ぜる。薄力粉をふるい入れて泡立て器で加えて混ぜ合わせる。

3 クッキングシートを敷いたパウンド型に**2**を流し入れ、アルミホイルをかぶせる。

4 フライパンに熱湯(分量外)を注ぎ入れ、ペーパータオルを敷き、**3**を入れる。フライパンの蓋をふきんで包んで蓋をして、ごく弱火で約20分蒸す。火を止めてそのままフライパンの中で冷めるまでおき、冷蔵庫でよく冷やす。

レモン風味の水ようかん

レモンピールで洋風仕立てに。見た目も涼しげなデザート

材料　12×15×4cmの流し缶1台分

- ・粉寒天……4g
- ・水……250ml
- ・牛乳……250ml
- ・白あん……100g
- ・レモンの搾り汁……1/2個分
- ・レモンピール（市販）……適量

作り方

1 鍋に水を入れ、粉寒天をふり入れてよく混ぜる。中火にかけ、煮立ったら弱火にして3〜4分よくかき混ぜ、寒天を煮溶かす。

2 火を止めて牛乳を加えたら、白あん、レモンの搾り汁を加えてよく混ぜる。

3 2の粗熱がとれたら、流し缶に茶こしでこしながら流し入れ、冷蔵庫で冷やし固める。

4 型から取り出し、大きめに切り、レモンピールをのせる。

レモン風味の
水ようかん

あずきミルクかん

あずきミルクかん

粒あんが食感のアクセントに。
程よい甘さでお茶うけに◎

材料　12×15×4cmの流し缶1台分

- ・粉寒天……4g
- ・牛乳……200ml＋300ml
- ・粒あん……150g
- ・練乳……大さじ2

作り方

1 鍋に牛乳200mlを入れ、粉寒天をふり入れてよく混ぜる。中火にかけ、煮立ったら弱火にして3〜4分よくかき混ぜ、寒天を煮溶かす。

2 火を止めて牛乳300mlを加える。粗熱がとれたら、茶こしでこしながらボウルに移し、粒あん、練乳を加えてよく混ぜる。

3 2の粗熱がとれたら、流し缶に流し入れ、冷蔵庫で冷やし固める。

4 型から取り出し、大きめに切る。

素朴な疑問や、なんとなくで作ってしまっている工程を徹底解説。
Q&A式で、先生からアドバイスをいただきました。

ゼリー
プリン
ババロア
ムース
寒天

Q ゼリーが固まらないのはどうして?

A ゼラチンの原料が、動物性たんぱく質であることが主な要因です。このたんぱく質を分解してしまう酵素を持つ食材(パイナップルやキウイフルーツなど)をゼリーに入れてしまうと、固まらないという現象が起きてしま

います。そういうときは、食材を一度加熱したり、缶詰を使います。また、レモンなど酸味の強いものも固まりにくいので、ゼラチンの濃度を少し上げてみましょう。他の原因としては、ゼラチンがよく溶けていない場合があります。必ず、水にふり入れたあとは、よく混ぜてゼラチンを溶かすことがポイントです。

Q 沸騰直前ってどんな状態ですか?

A 本書でも多くでてくる沸騰直前まで温める状態ですが、鍋の中の温度が約90℃で、鍋のふちからフツフツと細かい泡がたちはじめたところで火を止めましょう。沸騰すると全体に泡がでてしまい、食材によっては沸騰させてしまう

と分離することもあるので、鍋から目を離さず温めましょう。

Q 口あたりをなめらかにするコツはありますか?

A ゼラチンに対する水分の量で、かたさや口あたりのなめらかさが変わってきます。口の中でとろけるようななめらかさを好む場合、水分量の多いレシピがおすすめです。その代わり、型抜きには不向きなので、ココ

ットやグラスの容器で作りましょう。また、茶こしでこすといったひと手間も、ダマになったゼラチンや寒天などが取り除けるので、口あたりをなめらかにするには欠かせない工程です。

Q 生クリームを泡立てるときのコツを教えて!

A 泡立てる生クリームは直前まで冷蔵庫で冷やしておくのがポイント。生クリームの入ったボウルの底を氷水につけて、泡立て器を大きく動かしながら一気に泡立てる。泡立ってきたらスピードをゆるめて適し

たクリーム状になるように加減します。

Q きれいなメレンゲを
作るコツはある？

A まずは使うボウルと泡
立て器に、余計な水分
や油分がついていないことを
チェック。卵白はできるだけ冷
たく冷やしてからボウルに入れ、
しっかり泡立ててから砂糖を2
〜3回に分けて加えると、きめ
細かいメレンゲに仕上がります。

Q 上手に型からはずす
方法って？

A ボウルにお湯(80℃)を入れ、型ごとさっとつけ
ます。そうすることで型の内側が少し溶け、ひ
っくり返して揺らしてあげるときれいに取り出すこと
ができます。また、型と生地の間にナイフを入れ、空
気のすき間を作るとはずしやすくなります。

 →

Q 急いで固めたいときは
どうする？

A ボウルに氷水を入れ、
液の入ったボウルの底
をあて、とろみがつくまで混ぜ
てから型に流し入れて。このと
きに、気泡を作らないように静
かに混ぜるのがポイントです。
型に流し入れた後は、氷水を張
ったバットで冷やすことで、冷

蔵庫で冷やすより早く固まります。ボウルも型も、熱
伝導率のよいステンレス製を使うことでより時短に。

Q 粗熱をとる、室温に戻すって
具体的にどんな状態？

A 粗熱がとれた状態は、熱く加熱されたものが、
手で触れるくらいまで冷めた状態のことです。
氷水などを使って急速に冷やしたり、放置して冷める
のを待つ場合など、冷まし方は異なります。室温に戻
すということは、冷蔵庫から出したものを、ちょうどよ
い温度(23〜25℃)にすることです。触ったときにヒンヤ
リしない程度を目安にするとよいでしょう。室温に戻
す指示がある場合、戻すことで食材が扱いやすくな
ります。

Q ゼリーとプリン、ババロアとムースの違いってなに？

A 各章の扉(P9、P23、P37)でもそれぞれの特徴を紹介していますが、まとめて見てみましょう。まずはゼリーとプ
リンの違いについて。ゼリーは果汁をゼラチンで固めたもので、プリンは卵液を加熱して固めたものとして
一般的には定義できます。しかし、果汁以外のものをゼラチンで固めたり、プリンにもゼラチンを入れて、冷蔵庫で冷
やし固める調理方法(インスタントプディング)も本書で紹介しています。続いて、ババロアとムースの違いは、食感でいう
と、ババロアはぷるぷる、ムースはふわふわしています。そのふわふわの正体は、卵白を泡立てて作ったメレンゲ
を加えていることが大きな違いです。ですが本場フランスでも、この線引きはたびたび議論の対象となるそうです。

レシピ作成・調理・スタイリング

福岡直子 ふくおか・なおこ

東京製菓学校修了後、洋菓子店に勤務。その後、料理専門の制作プロダクションを経て独立。書籍、雑誌、広告などの料理制作、スタイリングなどを手がけている。著書に『シフォンケーキが作りたい！』(主婦と生活社)、『おうち昼ごはんお助け帳』(ナツメ社)などがある。

スタッフ

撮影
位田明生

デザイン
三木俊一（文京図案室）

調理アシスタント
神田弘乃、藤田藍、吉村佳奈子

編集・構成
丸山みき(SORA企画)

編集アシスタント
樫村悠香(SORA企画)

企画・編集
森香織(朝日新聞出版 生活・文化編集部)

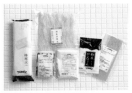

協力
TOMIZ(富澤商店)
https://tomiz.com/
tel:042-776-6488

撮影小道具リース協力
UTUWA
tel:03-6447-0070

おうちデザート
ゼリー・プリン・ババロア・ムース

著者
福岡直子

発行者
片桐圭子

発行所
朝日新聞出版
〒104-8011 東京都中央区築地 5-3-2
（お問い合わせ）infojitsuyo@asahi.com

印刷所
大日本印刷株式会社

©2021 Naoko Fukuoka
Published in Japan by Asahi Shimbun Publications Inc.
ISBN　978-4-02-334026-8